摄影大师
简庆福的光影岁月

The Golden Days of Light and Shadow by photographic Master Kan Hing-fook

陈耀王 著

学林出版社
www.xuelinpress.com

本书由上海文化发展基金会图书出版专项基金资助出版

作者简介

　　陈耀王，广东台山人，1935 年出生于上海。曾任无锡市农业科学研究所副所长、农业部全国畜牧扶贫专家顾问组副组长等。1982 年起，由国家派往埃及、匈牙利、法国和美国，执行科技合作项目等。出版专著 15 本、论文 30 余篇，荣获国家科学技术进步奖等。

　　1996 年后，任上海佑生生物化学技术研究所所长、研究员。

　　晚年，关注文艺传承，出版《泥塑之神手——张充仁的艺术人生》《维涅尔水彩画选集》《塑人塑己塑春秋——张充仁传》等及论文 30 余篇。

　　现任上海土山湾博物馆名誉馆长，张充仁艺术研究交流中心特邀研究员，上海徐家汇历史文化研究会理事。

卷首语

简庆福先生作为摄影界的前辈，数十年来犹如一棵不老的青松，艺术生命郁郁葱葱，从 20 世纪 40 年代起，他的摄影创作从未间断，简老的摄影艺术造诣，既得益于早年得到的造型艺术训练和美学修养，更源自他锲而不舍的勤奋和非凡的创作激情。令人钦佩的是，现在耄耋之年的简老仍然致力于艺术手法的探索和创新，心中总是有诗情，镜中总是有画意，他对摄影艺术的热爱影响了众多的晚辈和后学，也激励着更多摄影人投身于祖国蒸蒸日上的摄影事业。

王瑶主席与简庆福先生在"光影无垠——简庆福摄影作品展"上合影（图1）

简庆福先生德高望重，在中国摄影界有口皆碑，不仅因为他勤奋而高产的摄影艺术成就，更重要的是他崇德尚艺的精神。他热爱祖国，热爱人民，根植于东方之珠，胸怀着神州大地，为港澳地区与内地的摄影艺术交流奉献了近60年；简老胸襟开阔，为人谦逊，结交天下朋友（图1），包容各种学说；简老乐观直率，乐善好施，为许多摄影活动和摄影人默默提供了力所能及的资助和支援，而从不求个人的任何回报；简老感情真挚，执着认真，于摄影技艺的求索与求真方面坚持不懈，奋斗不止，心融作品之中，情溢作品之外，简老以一颗对祖国对人民对摄影的赤子之心赢得了摄影界、艺术界乃至社会各界的敬重和赞誉。

摘自2014年11月6日中国摄影家协会王瑶主席在北京举办的"光影无垠——简庆福摄影作品展"上的开幕辞

序

解读摄影大师简庆福

杨恩璞

杨恩璞先生（图 2）

简庆福先生是中国摄影界的艺术大师、画意摄影中国学派的领军人物。简老从事摄影艺术创作 70 余年，曾获中国文联"造型艺术成就奖"、中国摄影家协会（CPS）、美国摄影学会（PSA）终身成就奖。如今他年逾 90，仍爬山涉水、风雨兼程，活跃于创作第一线，堪称"中国摄影界的常青松"。

2014 年，正值大师 93 岁华诞，陈耀王先生历经数年撰写的《摄影大师简庆福的光影岁月》即将付梓出版，可喜可贺。该书通过描述简老的摄影生涯，给我们提供了学习大师的美学追求和高尚风范的宝贵文本。

早在 20 世纪 50 年代，简庆福先生的大名就从香港传到祖国内地。当时我在北京电影学院学习摄影，大师拿他拍摄的《海恋》《两修女》和《羽毛球》等作为范例， 让我们领悟其高超的用光和构图。说实在， 当时年轻的我们并不能真正理解简先生的摄影艺术成就， 只是钦佩他摄影造型的手法。1978 年，我们国家进入了改革开放的新时期，同香港摄影界交流逐渐增多，再加上我(图 2)多次和简庆福先生一起出席各种摄影活动， 通过野外采风、评奖研讨和杂谈聊天， 逐渐了解简老的摄影观和香港沙龙摄影的来龙去脉， 发现自己原来的一些看法太肤浅。藉此《摄影大师简庆福的光影岁月》的出版发行之际，作为简老的忘年之交，我很愿意谈谈对简老其人其艺的解读。

打破洋人独占鳌头，奋力为国争光

摄影技艺是从西方传来的舶来品，自 20 世纪 20 年代起，香港、澳门和东南亚一带已有华裔同胞从事摄影艺术创作，但摄影界基本上还是由洋人主导。一方面由于西方列强企图推行殖民文化，另一方面也是因为华人摄影艺术还处在初创阶段，华人摄影艺术家很多只是效仿外国沙龙作品。第二次世界大战结束（尤其在 20 世纪 50 年代后），港澳和东南亚的影坛出现了戏剧性的大变化，华人摄影艺术脱颖而出，以特有的东方神韵、高品质制作扬名四海，其中以香港陈复礼、简庆福和黄贵权为代表的作品最为突出，他们在世界各种影赛中频频获奖，为祖国争了光，为中国人争了光。在此应特别指出的是，其中第一个打破洋人独占香港影坛鳌头的是简庆福先生。

简庆福先生 1921 年出生，20 世纪 40 年代后期到达港澳地区，经商之余从事摄影艺术创作活动。他的早期黑白摄影创作深入下层民众，反映了港澳地区社会现实，富有地域特色。后拍摄风光、静物等，《水波的旋律》以极其娴熟的光影语言和出众的表现技巧，获得 1954 年香港摄影沙龙的金牌，这是华人在该影赛上首次夺冠。与此同时，他拍摄的《海恋》等作品又在国内外多次摘金捧银，他的作品连续四年获得香港摄影学会推选最佳照片奖；1953—1956 年他被国际沙龙列为世界十杰，从此"四连冠"的美誉蜚声影坛。由于简老等人的引领，海外华人摄影艺术创作日趋繁荣，以特有的中国风格屹立于世界摄影界。

面向现实勤学苦练 创作黑白经典

简庆福先生 20 世纪 40—50 年代拍摄的黑白摄影作品，在世界影坛堪称经典，经过半个多世纪的考验，仍广受赞誉，其原因有二：

一是它们是 20 世纪香港、澳门历史的见证，是不可再得的图像文献资料。第二次世界大战结束，香港、澳门正处于医治战争创伤、复苏经济的转折时期，触目惊心的现实，使简先生自觉或不自觉地把镜头对准了民间生活。他拍摄了港澳的世象百态，如挑担卖儿的农妇、斑驳危墙下的卜师、古庙门口的乞丐、饱经风霜的老者、破旧衰败的陋巷……，还有迎春犁地的农夫和闯海捕捞的渔民。这些作品既反映了老百姓的疾苦，又表达了他们向往和平生活的希冀，从中我们可以形象地见到当年港澳的历史真相和民众心态。

二是这批作品标志着简先生摄影艺术的成熟，是他摄影艺术创作生涯的第一个高峰期，他那些脍炙人口的代表作《水波的旋律》《海恋》《渔光曲》《奔向自由之路》和《两修女》等均出自这个阶段。原先简庆福先生只是上海美术专科学校的学生，业余爱好摄影，移居港澳后才开始参加摄影沙龙活动。但由于他勤恳钻研又有美术基础，很快就谙熟摄影特性和光影表现技巧，成为香港摄影界的佼佼者。这个时期，他的作品不仅内容贴近现实，而且在摄影艺术造型上几乎达到炉火纯青的地步。

60 多年过去了，重温简老这批黑白摄影作品，我有个意外的感受，过去年轻时对港澳摄影沙龙有种印象，认为他们的作品大多内容空洞、玩弄形式，是白领票友的光影戏作。简老是香港摄影沙龙的中坚，而他的作品与我们心目中的沙龙概念甚为不一，这是很值得我们研究的艺术现象。在过去"左"得出奇的"革命"年代，我们头脑简单，对香港沙龙摄影难免存有偏见，现在是时候实事求是来反思过去了。

博采中西之长，追求中国气派

中国摄影人从 20 世纪 20 年代，就开始苦苦探索如何使摄影艺术具有民族风格和东方神韵。刘半农的理论和郎静山的集锦摄影等，就是他们苦苦探索的见证。他们一直倡导中国摄影艺术民族化，创作有别于他国的作品。在此基础上，40 年代后简庆福和陈复礼等大批海外华人摄影家又继续进行了探索和实践，与前辈相比，他们更善于结合摄影特性发展画意摄影。

简老早年就学于上海美术专科学校，虽学习西画起家，但他的摄影创作却讲究民族绘画所提倡的"经营位置，气韵生动"，他的作品博采中西之长，具有"海纳百川"的气概、"出神入化"的意象境界，极具东方美学的神韵，但又不食古不化、简单模仿国画的艺术特质。如果说，陈复礼作品"画中有诗"

含蓄隽永，像唐朝诗人王维；那么，简庆福作品便具有"大江东去"、"惊涛拍岸"的气派，像宋朝苏轼词赋那样，讲究作品的整体气势和魂魄，如《光明在望》《雪山盟》和《牧归》等。有的是寄情山水表达了中国的人文精神，有的是借鉴了民族传统艺术表现形式，还有的如《心有千千结》《香如故》等是直接受唐诗宋词的启迪，获得灵感。

由于简老追求中国情调的画意摄影艺术，所以他的作品为广大中国老百姓喜闻乐见。记得在 20 世纪 70 年代后期，中国文坛还留有"文革"余毒，过分强调艺术为政治服务的社会功能，谈美色变，所以许多图片变成干巴巴的宣传说教。是陈复礼和简庆福等人的摄影作品展带来美的清风，开阔了广大读者的艺术视野，激励了内地摄影人创作的民族自豪感。

敢冒探索风险，大胆突破创新

回顾简庆福先生的摄影艺术创作道路，他还有一个可贵的品质，就是敢冒艺术探索风险，一生坚持大胆创新。早在 50 年前，简先生已经功成名就、享誉四海，特别是他的黑白摄影艺术几乎达到了炉火纯青的境界，但他并没有抱着金牌而自满，也没有怕创新探索失误被人议论，几十年来在创作上始终保持着年轻的心态，走遍五湖四海，尝试探索新题材，开掘新主题，实验各种新颖的表现形式。如今，简老年逾耄耋，他在八旬高龄后，还饶有兴趣地采用电脑技术进行新的创作。

在 20 世纪末摄影圈内，探索画意摄影和电脑数码技巧结合极少。我曾问简老："您不怕万一搞不好，别人说三道四？"他听了泰然地说："任何艺术家不可能每张作品都是杰作，一生能有一、两张被历史肯定，被老百姓喜欢，就足以令我高兴。"同时又说："我不能停留在原来成绩上不前进，为了保住过去的荣誉而不拍摄新作品。从事摄影创作不能吃老本往后看，那样就如同逆水行舟，不进则退。"简老无论在创作上，还是在生活上都不像老年人，他做事丝毫不怕风险，敢想敢说敢闯。这一点，我从他 80 多岁仍开车和骑马上山这两件事上得验证，正是由于他有这股劲，所以从影 70 多年来他一直新作不断。

国画大师潘天寿说得好：艺术就是创造与人"不同"，在简老的身上也具备这样一种素质。读者从简老后期创作中，不难看到他丰富的想象力，多彩的表现力，以及与众不同的行为。正因为是探索，对于他的"反常规"作品总会有人欣赏，有人不解。我认为这很正常，见仁见智，不管有何评价，简老的创新意识值得大家学习。因为勇于创新精神是艺术进步的动力，而且他的新作对我们深入认识摄影的多样性也具有推动作用。

简老和许多海外华人摄影家一样，大部分精力从事画意摄影艺术创作，活动在沙龙艺术圈内，但他对中国摄影界的贡献也同样功不可没。

众所周知，摄影的本体美学特性是纪实性，但不能以此划地为牢，狭义地鼓吹记录性惟上，把纪实摄影和沙龙摄影绝然对立起来。世界摄影界从19世纪60年代后，就有纪实派和画意派的美学竞争。100多年来的摄影史证明，纪实派和沙龙画意派尽管美学主张不同，但它们的竞争并不是你死我活的，而是通过竞赛各自都获得了提高，它们都得到了提高和发展，谁也吃不掉谁。我认为，艺术本应"百花齐放"多元发展，纪实派和画意派沙龙摄影能从不同角度反映生活，满足广大人民的不同需要。简老和海外许多摄影家走的是沙龙摄影道路，他们的大多数作品属于画意类创作，但只要他们达到这类作品的世界级水平，又符合相当一部分读者的审美需求，就应理所当然地给予充分的肯定。

沙龙摄影、画意摄影和纪实摄影是摄影艺术的不同流派，对摄影事业各有各的独特奉献。从这个视角来考察香港简庆福等海外摄影家创造的艺术表现形式，就更应给予赞赏。他们半个多世纪以来不断地革新和发展了画意摄影艺术，开创了海外华人摄影的新风格，从一定意义说他们是画意摄影艺术的"中国学派"，在世界摄影艺术中占有宝贵的一席之地。

杨恩璞
2014 年 10 月修改定稿

注：本文作者系北京电影学院教授，华光摄影艺术学院名誉院长。

目 录

前　言

　　摄影艺术大师简庆福先生今年 93 岁高寿了，却依旧活跃在中外影坛，宝刀不老。从 1938 年开始涉足摄影艺术创作至今，他亲历和见证了摄影技术从硬片、胶卷到数码，从黑白照片到彩色，从暗房操作到电脑技术应用的整个历史进程。

　　简庆福的摄影艺术创作紧随时代的步伐，不断吸收新思想、新观念，开拓新手法，不断地创新求变，他那种勇往直前、不断进取的精神，充分反映在他各个时期的艺术创作生涯中。

　　简庆福先生自 20 世纪 30 年代爱上摄影艺术，屈指算来已有 70 多年了。这 70 多年来，他贡献良多、获奖无数，受到全球摄影界的推崇，是当今世界华人中当之无愧的摄影艺术泰斗！

　　2014 年 10 月美国摄影学会（PSA）授予他"荣誉高级会士"名衔。早在 2012 年该会特设最高荣誉奖——终身成就奖，奖给 1951 年就是该会的基石会员、至今硕果仅存的简庆福先生，使他成为全球唯一获此殊荣的摄影大师。据该会"世界摄影名人录公布"：早在 1953—1956 年，简庆福就连续 4 年荣登世界摄影十杰的宝座。1952—1955 年，他的作品在香港摄影学会国际沙龙连年获奖，成为香港首位荣获国际金奖的华人摄影家和"四连冠"的第一人。1955 年简庆福获英国皇家摄影学会高级会士衔（FRPS）和国际影艺联盟颁授的影艺卓越者衔（EFIAP）。1958 年起他长期担任中国摄影家协会国家和国际影展的评委。

简庆福先生热爱祖国，关心和支持祖国的摄影事业，创作了大量无愧于我们伟大民族、伟大时代的优秀作品。为表彰他在摄影艺术的成就和贡献，国家也给予了他极大的荣誉。

2009 年，中国摄影家协会授予他中国摄影家的最高荣誉"摄影金像奖"、"终身成就奖"。

2010 年，中国文学艺术家联合会又向他颁发了"造型艺术成就奖"，这也是中国艺术家之最高荣誉奖。

2012 年，简老拍摄祖国各地的 6 幅摄影杰作，登上"神舟九号"，遨游太空。去年他拍摄的 7 幅杰作荣登"神舟十号"，成为摄影作品两次遨游太空的全球第一人。

简庆福先生 1921 年出生于香港，幼年到上海，1942 年进上海美专学画，后转入充仁画室深造。他传承了中西融合的海派艺术风格，用画家的眼光取景、构图、捕捉光影和色彩的变化，像印象派画家那样在用光、用色方面，大胆体现艺术家的主观意识，使作品摆脱了对被摄对象的纯自然摹写；他熟悉唐诗宋词和中国书画，在他的作品中充满了诗情画意和东方神韵。1948 年移居香港后，凭着自己的不懈努力，迅速崭露头角，扬名国际影坛。

改革开放伊始，简庆福先生立即赶回祖国内地，举办大型的"简庆福摄影展"，使"文革"中长期封闭的内地摄影界耳目一新，受到各界的热烈欢迎。他在国内举办彩色摄影培训班，9 次出版《简庆福摄影艺术》等著作，分赠同好；还不断地在国内外举办个人影展和联展，对中国摄影艺术的走向和繁荣产生了极大影响。

简庆福先生在摄影界德高望重，为了摄影艺术，他奔走在全球五洲四海和祖国各地，不辞辛劳地一次又一次拍摄祖国的大好河山，因为他对自己的作品有追求，总觉得还有需要改进和突破的地方。正如简庆福先生所说："我从影 70 余年，为了追求世间的真善美，抒发我心中对美的感受，我还要不断地在世界各地跑，不停地拍，希望能有所突破、有所创新，拍到更多更好、老百姓喜闻乐见的作品，来和大家分享，这比我获奖还高兴！"

简庆福先生醉心艺术，尊师重道，仗义疏财，助人为乐，支持摄影事业

笔者与简老 2014 年于香港（图 3）

不遗余力。他将上海市中心的一幢花园洋房捐赠给上海摄影家协会，将一幅价值连城的八大山人和石涛合作的古画捐赠给广州市博物馆，将关良大师的74 幅杰作捐给上海中国画院；他将作品义拍所得善款捐给新疆喀什的教育事业；将两次登上太空的得意杰作捐赠给中国摄影家协会、国家博物馆等有关单位；2014 年初将 138 幅摄影杰作捐赠给上海中华艺术宫，最近又将自己从影 75 年来的摄影杰作捐给上海刚泰集团，供成立简庆福摄影艺术馆长期展出之用。

简老虽已 93 岁高龄，但精神矍铄，思路清晰，幽默风趣，事事保持一颗童心和一种不断进取的精神，至今依旧活跃在影坛上（图 3）。他说："中国现在是世界上最大的摄影国，我们欣逢盛世，更应努力在摄影艺术方面有所作为，在讴歌祖国河山、弘扬中华文化，建设文化强国，增强中华文化的国际影响力方面多做贡献。"

中国文联副主席、前中国摄影家协会副主席李前光说："中国摄影因简庆福更加多彩，简庆福因摄影而更加辉煌。"实在是对他最好的写照！让我们恭祝简老健康长寿，晚年越活越精彩，为提升中华文化的软实力，作出更大的贡献！

陈耀王

2014 年国庆节于上海土山湾博物馆

第一章　民主革命之家

　　简庆福先生的祖籍是广东省香山县的南塘村（今中山市南朗镇的南塘村）。南塘村地处珠江三角洲的南部、香山县的东南、南朗镇的东北；距孙中山先生的故乡翠亨村不到 2 公里，距离县城和澳门也都只有 30 多公里。南塘村背靠烟管山，前临丰阜湖，左揽石船头，右倚丹头山，三面环山，背山濒海，风景优美；面积虽仅 1 平方公里，但村史可以上溯到北宋年间，至今已有近千年的历史。南塘村如今居民有 600 多人，八成姓简，从该村出去的华侨，已超过千人，是远近闻名的侨乡。

一、先民拓展海外

　　南朗一带有句民谣："简姓南面塘，老幼勤耕种，历代出科举。"相传明末年间，朝廷重臣何阁老以自己的姓氏出一上联求贤："人口添丁（指'何'字），天下生成何阁老。"南塘村民简墨出口成章，对曰："竹门入日（指'简'字），太阳拱照简先生。"这句对仗工整、满怀自信的下联，使简墨誉满当时；至今在简氏的祠堂里还悬挂着 10 多幅这样充满文采的楹联，其中清代举人简梦熊撰写的对联，上下联各有 31 字，交代着南塘村的来历及村民勤耕苦读的传承，足证当地历代勤奋耕读、修文立武的民风，此地真可谓物华天宝、人杰地灵。

南塘村地处出海口，村民早在 19 世纪中叶开始，就有出海移民檀香山的传统。简庆福的祖父简吉堂（字永照）出生于清咸丰三年（1853 年）。当时正值 1840 年中英"鸦片战争"之后，腐朽的清政府割地赔款，沉重的债务大部分要由广东地方承担，压得老百姓苦不堪言。1851 年太平天国兴起，1854 年香山当地的"红巾军"随之起事，连年的战乱进一步加剧了社会的动荡，造成社会生态环境恶化，引发了原住民和客家人之间的尖锐矛盾，导致珠江三角洲西南一带乡民之间，从 1854 年开始长达 14 年的血腥械斗。1856 年秋，英国趁清廷忙于内战，又发动了第二次鸦片战争。1857 年香山地区大旱，农民颗粒无收。内忧外患、天灾人祸、民不聊生，迫使当地很多农民背井离乡，另谋出路。

当时西方新兴的资本主义国家正积极向世界各地扩张，他们迫切需要同地大物博、人口众多的中国开展贸易，同时引进廉价的劳动力。而此时，清政府在西方列强的军事打击和经济侵略下已日趋没落。就在这种社会背景下，1848 年秋，广州传来了在美国加利福尼亚州发现金矿的消息，这为天灾人祸、民不聊生的广东农民，带来了到"金山"去淘金的朦胧希望，事实上的确有不少幸运的早期淘金客在海外淘金快速致富，衣锦荣归，成为当地乡民的榜样。到了 1862 年美国修建横贯内地的太平洋铁路后，带动了西部大开发，更需要大量的廉价劳动力。当时作为中西方贸易和人员往来中心的广州，自从 1859 年两广总督与英国制订了《招工章程》，允许在广州及广东各海口设"招工公所"。公开招工后，美国商船也以各种手段招揽华工以获利，他们通过雇用买办和经纪人，向广州附近珠江三角洲一带农村发出大量中文撰写的传单来吸引华人。兹将其内容转录如下：

美国人是非常富裕的民族，彼等对华人前往，极表欢迎，彼处有丰富工资，大量上等房舍、食物和衣着，你可随时寄信或汇款于亲友，我等可负责传递与驳汇，稳当无误。此是一个文明国家，并无大清官吏或官兵，全体一视同仁，巨绅不比细民为大，现有许多中国人已在彼处谋生，自非一陌生地方，在彼处承祀中国神灵，本公司亦设有代办，你无需畏惧，会逢幸运，有志者请莅临香港或广州本公司接洽，当竭诚指引进行，美国金钱极丰富而有盈余，如欲赚取工资及保障工作，可向本公司申请，便得保证。

美国商人为招揽华工而对"美国梦"的过分渲染，以及衣锦还乡的华人淘金客对家乡同胞的示范效应，无疑对饱受天灾人祸的珠江三角洲的老百姓产生了巨大的诱惑力。据统计：从1847年到1882年间，约有二三百万华人出洋到海外谋生，其中先后到达美国的中国移民就达37万人之众。据史料记载：从1785年美国的"中国皇后"号船只首航广州成功，到1833年的48年中，美国到达广州的船只就有1004艘，几乎达到英国来华船只总数的44%，超过了其他欧洲国家来华船只数的四倍。珠江三角洲一带河网密集，水道交错，当地乡民通过水路，很容易到达广州、香港、澳门等通向海外的港口城市；而香山县的南塘乡10公里外，就是古河涌的出海口涌口门，为当地华人在此登舟移民出洋，到海外谋生，提供了十分有利的条件。

二、祖父移民檀香山

在中国乘船远赴美国的太平洋中途，有夏威夷群岛（Hawaiian Islands）。清嘉庆年间曾有当地土著运载檀香到广州贩卖，因此华人便以檀香山称呼这个地方。夏威夷群岛包括夏威夷（Hawaiian）、茂宜（Maui）、奥鸦湖（Oahu）、道威（Kauai）和莫洛鸡（Molokai）等12个主要岛屿，首府位于第三大岛奥鸦湖岛南端，名火奴鲁鲁（Honolulu），是当今美国总统奥巴马的老家，华侨简称"正埠"或"大埠"。当地风景优美，气候温和，土地肥沃，物产丰富，地广人稀，民风纯朴，耕种粗放，还有大片荒地可供开垦。因此从19世纪中叶以来，就是香山县人移民美国的首选目的地，而檀香山也逐渐发展成香山籍华侨在美国的聚居地。

1871年，与南塘村相邻的翠亨村，孙中山先生之父孙达成公，以乡人多有赴夏威夷群岛经营农、工、商业,适夫人之弟杨文纳自檀香山返家乡探亲，当时孙中山先生的长兄孙眉年已十七，长得虎背熊腰、力大无比，遵父命随母舅赴檀香山谋生，同行的有南朗的程名桂、同乡青年郑强夫妇和同族的孙惠等人。简庆福的祖父简吉堂当时年已十八，也是从涌口门坐船去檀香山的，至于是否和孙眉等同舟而行，已乏史料可查，但从《1852—1899中国人到达夏威夷人口统计表》中可以看出："是年内,到达檀香山的华人共有223人。"简庆福回忆祖父简吉堂说：祖父当年赴檀岛时乘坐帆船，在浩瀚的太平洋

7

上，一个岛屿一个岛屿地过去，要航行数月之久，一路充满艰险，所以临行前都要祭海，祷告天地、神灵、祖先，保佑他们一路平安。祖父历尽艰辛到达檀香山首府——位于奥鸦湖岛西南部的火奴鲁鲁后，因不通外语，一时难以找到工作谋生，就转到该岛另端的珠港（Pearl city）一带的海滨做雇工，开垦那些芦苇丛生的湿地，他们用家乡排水耕田的农耕技术，栽种水稻、蔬菜、牧养牛羊，获得了很大的成功，使当地皮肤紫铜色、天性善良而农耕方法落后的土著们看了十分钦佩。当时夏威夷群岛中很多地方还是一片荒蛮，土地肥沃，野牛成群出没，土人猎杀野牛，仅食用肩背部和腿部肉食，其余部分就废弃不用了，可见当地物产的丰富。土著们推举酋长中的领袖为夏威夷王。夏威夷政府看到华人在农业方面的技能，积极鼓励发展农业，推广水稻种植，很快使水稻取代芋头、咖啡，成为夏威夷的主要物产；而各岛之农工垦殖、贸易事业，也大部由中、日两国移民经营。简吉堂年富力强、聪明能干，文化程度高，据记载，出国之前他曾领中书科中书衔。他头脑灵活，尤其精于珠算，能手脚并用同时打四个算盘。简吉堂为人豪爽，仗义疏财，乐善好施，交游甚广，更能团结乡亲，和当地土人交朋友，学习土人语言，以一种开放的心态很快地融入当地社会，得到土著们的尊敬和认同。一年后，简吉堂就向当地政府领得土地进行大面积地开垦，他在那里种植水稻、甘蔗、果蔬、放牛、牧羊，还持有自己新造的碾米机器执照，经营碾米业，也从事其他的商业活动，获得很大的成功，很快成为当地一位财力雄厚的实业家。

1876年夏威夷和美国签订互惠条约，美国人在那里投资开发蔗糖生产，需要大量华工，当时在檀岛的华人已达1283人，但远远不能满足当地开发的需求。夏威夷政府看到孙眉、简吉堂等华人在那里艰苦创业，经营农牧业和商业，成效卓著，特许他们在火奴鲁鲁设立移民办事处，回国多招华人到檀岛开垦，还规定每引进一名华工政府津贴100美元。1877年，这些6年前出洋谋生、白手创业的穷孩子，经过努力拼搏，回乡时已是衣锦荣归的实业家了。他们向穷困的乡亲们介绍檀岛的风土人情以及西方文明的优点，鼓励大家抓住这一千载难逢之机，消除顾虑，大胆随他们出洋，到檀岛去勤劳致富。乡亲们也从孙眉、简吉堂等人身上看到了脱贫致富的希望，纷纷请托带走自家的青年同去檀岛开垦致富。这次他们带走了妻子和大批乡亲，使自己在夏威夷的事业如虎添翼，更加兴旺发达。据统计，是年到达檀岛的华人有 557 人，次年檀香山的华人就达 2464 人，到 1886 年檀香山的华侨达 20000 人，占当时檀岛总人口的四分之一，到 1896 年檀香山的华人总数已达到了 25000 人之多。

1877 年简吉堂回檀香山时，带回了妻子和众多的乡亲，大大扩展了他在檀岛的事业。1879 年（光绪五年）正月，他们的儿子，也就是简庆福的父亲简子惠出生。当年初夏，年仅 14 岁的孙中山先生也随着这股移民潮和母亲到达了檀香山，追随长兄孙眉。他们这些远离家乡的华人，初到异乡客地的檀岛，显得十分孤单，所以乡亲之间亲密团结，奋力打拼，很快融入了当地社会，生根立足，成就了一番事业。1881 年，孙眉搬迁到邻近的夏威夷群岛中的第二大岛茂宜岛，办农场、开商店，开疆辟土，事业蒸蒸日上，成为名震一时的"茂宜王"；而简吉堂在檀岛也是富甲一方的名人，他洞达世情，熟谙商务，俭以持己，和以待人，在檀岛声名卓著，事业有成。他们在夏威夷努力打拼数十年间，接触到西方的现代文明，与腐朽无能的清政府和贫穷落后的家乡相比，这巨大的差距使他们萌生了改造中国的雄心壮志，在朦胧中感到只有通过革命、推翻清政府建立新的民主共和政府，才能使中国真正的繁荣富强起来。

三、追随孙中山革命

1893 年夏威夷群岛土人革命，推翻了土王，建立夏威夷独立共和国临时政府，给当地华侨很大的鼓舞和启发。1894 年孙中山在檀香山发起创建了中国第一个民主革命团体"兴中会"。他提出"驱除鞑虏，恢复中华，创建合众政府"，此举正合当时华人的心意！何宽、孙眉、李昌、邓荫南、简吉堂、杨文纳、杨德初、郑金、郑照等当地华侨纷纷参与，追随孙中山先生，希望能通过革命，推翻腐败无能的清政府，创建民主共和的新中国。

1895 年 11 月孙中山先生领导的广州起义失败后，香港的兴中会总机关已经全垮了，骨干们也都各散东西，人去楼空。孙中山只能返回檀香山筹资以图再举，中山先生自己追忆说："余到檀岛后，复集合同志以推广兴中会，然已有同志以失败而灰心者。"当时不少人对革命缺乏信心、打退堂鼓，但简吉堂却于 1896 年民主革命处在低谷之时，与孙中山、孙眉、黄桂、郑金、郑照等五人结拜兄弟、义结金兰，共同支持革命。据郑照所著《孙中山先生逸事》与《死虎余腥录》第41页记载："一日，侨商黄桂（字香谷、后为副领事）在家请客，同席者除主人外，有简吉堂、孙眉公、先兄（注：郑金）、中山先生及我（注：郑照）五人。席间，眉公指同席诸人对先生云：近年因革命事，家产几尽，经济支绌，幸得座上各位慷慨帮助，仗义疏财，至所感激，当认为兄弟之亲云云。其中以吉堂兄独立接济眉公者尤为力。中山先生续云：'得各位如此侠义为怀，真是万分感激，即与各位订为兄弟，永结骨肉同胞之亲。'乃即席起立郑重向众人敬酒一杯。众人欢笑和议，因各序年龄，以黄居长，简次之，眉公第三，先兄居四，先生是五哥，而我则小弟弟也。……是日，适为家母六十一岁寿辰，兄弟六人同离黄宅而到隔邻舍下称觞祝寿。"详细记载了当时他们结拜兄弟、支持革命的情况。

四、辛亥革命的功臣

简吉堂团结当地华侨继续支持孙中山革命，孙眉奉献了40年打拼积聚的财产，资助孙中山革命，其间屡起屡蹶，不免金尽，乃弃生意而不顾，变卖家产，倾其所有，挺身回国继续革命，以致破产。他毁家纾难，支持反清革命，所以人称："没有孙眉就没有孙中山的革命成功！"而他的结义兄弟们则说："其中以吉堂兄独立接济眉公者尤为力。"1911年辛亥年，反清革命在经历了多次失败后，取得了最终的胜利，以孙眉、简吉堂等为代表的海外华侨功不可没。1912年1月1日南京国民政府成立，孙中山当选为临时大总统，3个月后让位于袁世凯。1915年袁氏称帝，全国上下一片反对之声，袁世凯被迫退位，后病逝。1921年，孙中山在广州被推选为中华民国非常大总统，未几即电召简吉堂回国，得中山先生的信赖和倚重，他被委以总统府参议和会计师等要职，这一年正值中国共产党成立，当年的11月6日简庆福在香港出生，他是简子惠的第3个儿子。据简庆福回忆："当年祖父自檀香山回国，因足疾行走不便，孙大总统亲自派轿子从南塘村老家将祖父抬到广州总统府，并授以要职。"是年，南塘村的革命元老简吉堂、简让之和简崇光三人一起谒见大总统，恭请孙中山为他们出资新创办的南塘国民学校题写校训。中山先生十分重视教育，把普及教育定为基本国策，

小学时代的简庆福（图 4）

他见到檀岛侨领"南塘三简"为发展家乡的国民教育身体力行，非常高兴，欣然命笔题写"朴诚勇毅"四字，并命中山县吴铁城县长制成匾额，亲自送往南塘国民学校悬挂。两年后，简庆福的慈母因病仙逝，她共生了 9 个孩子，其中 5 个女儿，4 个儿子，简庆福是她的第 8 个孩子，第 9 个男孩出生后不久，她就病故了。父亲无奈之下，只能将两个幼子送回故乡交由他的姐姐抚养，简庆福稍长即在南塘国民学校就读（图 4），简老至今写的一手好毛笔字，就是当年打下的基础。他幼年时在家乡得以绕膝祖父脚下，深受这位革命老人的宠爱与教诲，这也影响了他的一生。

第二章　简子惠经商致富

祖父简吉堂在檀香山生有三子二女，长子简子铭、次子简子恩、三子简子惠。他们自幼在檀岛读书，稍长后就在父亲创办的农场中骑马放牧艰苦创业。简吉堂把数十年打拼积累的财富倾囊献出，支持辛亥革命，以后和孙眉一样，相继放弃了在檀岛的事业，应召回国竭尽全力为孙中山效劳，虽然深得中山先生的信赖和倚重，但已两袖清风，晚年只能在惠华医院及中西学堂等任职糊口。所幸长子简子铭和季子简子惠早已预见到此情况，很早就去家乡邻近的香港谋生；而仲子简子恩则留在汉口经商，可惜他出师未捷，英年早逝。简氏兄弟从小在简吉堂身边长大，都精力充沛、头脑灵活，能吃苦耐劳，他们看到国内生产的猪鬃、肠衣、牛皮、羽绒和黄狼皮等畜产品是国外紧俏的商品，也是中国大宗的出口物资，就凭着他们在美国的经历和人脉关系，以及精通中英两国语言的优势，在香港从事畜产品进出口贸易，很快就打开了局面。打下基础后，就将业务交由长兄简子铭经营，而简庆福的父亲简子惠自己则在1923年北上上海扩展业务，自立门户。

简庆福四兄弟（图5）

一、 父亲在沪打拼创业

当时位于长江下游出海口的上海，是中国最大的港口城市，简子惠将简氏贸易公司的重心迁到上海，有利于将长江中下游的货源集中加工后出口。他先在虹口区广东人聚居的北四川路横浜桥附近的永乐坊72号安好家后，不久即将4个儿子（图5）和5个女儿陆续接到上海，安排在附近福德里的广肇公学读书。接着自己深入到江苏、浙江、安徽等地组织货源，陆续在上海、南京、六合、南通、扬州、高邮等地兴建加工厂，将羽绒、猪鬃、肠衣、牛皮、黄狼皮等加工好后，运到上海仓贮、出口。当时中国生产国际上最优秀的猪鬃，西方人做灌肠用的肠衣，做羽绒被的鸭、鹅绒，以及英国人最喜欢的黄狼皮大衣的原料，大都要从中国进口，而这些畜产品也是中国重要的出口物资。当时正值第一次世界大战之后，为国内带来了相对平稳的经济环境，简子惠抓住这一有利时机，积极扩充企业，把事业办得蒸蒸日上，但好景不长，日本发动侵华战争后，这些紧俏的商品出口大受影响。上海四大侨资公司之一的新新公司，为了应对纸币的急剧贬值的情况，将每日营业收进的大量货款折算成美元贷给简子惠,供他收购原料,规定以后用美元偿还;而简子惠十分聪明,他将加工好的畜产品贮存在新新公司的仓库中,使公司能更加放心地将货款借贷给他。抗战胜利后,随着国际航线的恢复畅通,他将畜产品大量出口美国,换回美元,还给新新公司,用来进口国内急需的舶来品,使大量的资金进入了良性循环。此时永安、先施、大新等四大侨资公司都纷纷效法新新公司,将资金贷给简子惠,使他的财力愈发雄厚,事业也像滚雪球似地愈发兴旺发达。

二、投资上海房地产业

简子惠资金充裕之后,他首先想到的是投资房产,当时上海地价高昂,特别在法租界的高尚地段,可谓"寸土寸金"。1935 年,中日淞沪战争爆发前,他先买下了法租界金神父路高乃依路口(现瑞金二路皋兰路口)48 弄的住宅。这是一幢带有前庭的三层楼联体法式花园洋房(即上海新式花园里弄),当时"法租界中的西区,是上海唯一经过精心设计的住宅区",住宅的马路对面就是著名的广慈医院(现瑞金医院)和巴斯德研究院,斜对面是香山路的孙中山故居和法国公园(现复兴公园),隔邻是马立斯花园(现瑞金宾馆),著名的震旦大学(现上海第二医科大学)、圣伯多禄教堂、法国总会(现花园饭店)、法童公学(现科学会堂)和马思南路(今思南路)的花园别墅等环列四周。张学良、孙科、程潜、吴稚晖、何香凝和虞洽卿等高官巨富的住宅都汇集在这里;刘海粟、汪亚尘、林风眠、吴湖帆、颜文梁、张充仁、陈定山、张大壮、钱君匋等著名画家和柳亚子、徐志摩、邹韬奋、梅兰芳等文化名人,也都住在这一带。简子惠化巨金买下这里的房产,作为安身立命之处,一方面是为了远离日本人密集的虹口区,住到比较清静、安全的法租界;同时也为了使子女们能从小在人文荟萃、艺术气氛浓郁之区,受到文艺环境的薰陶。

接着简子惠又和朋友合作,买下了黄陂路菜市路(现顺昌路上海美专附近)新落成的恒昌里整条弄堂房子,两人各半,简子惠占了 20 多幢四层楼的连体石库门房子(现拆建成延中绿地)。这些房产位于法租界和中国地界的交界处,房价比法租界中的黄金地段略低些,但简子惠看好这里的发展前景。

简子惠在上海有位同乡好友叶汉，当时他在沪西愚园路（今工人俱乐部附近）一家叫"好莱坞"的著名赌场中工作，和简家往来密切。叶汉谈起：就在赌场附近，愚园路靠近兆丰公园（现中山公园）那里有块空地，交通方便、风水又好，可建工厂。简子惠闻讯后，就将那块地买下来新建了一座大型的畜产品加工厂。二战结束后，叶汉回到香港，他凭着在上海赌场积累的经验，在澳门开赌场，成为名震一时的"老赌王"，晚年他"金盆洗手"，赌场由"新赌王"接手。叶汉和简氏父子交情深厚，他常告诫弟子们："小赌怡情，别大赌成瘾！"叶汉的儿子叶名尧，现居美国洛杉矶，也是位摄影发烧友，经常和简庆福一起到处采风、切磋摄影技艺，平时生活简仆、低调，毫无当今某些"富二代"那种暴发户的狂态。

三、做人要拿得起、放得下

随着简子惠的 4 个儿子和 5 个女儿的逐渐成长（图 6），他把儿子们派往各地分兵把守，使简氏贸易公司后继有人。正当他们的企业办得风起云涌

简家在上海寓所（图 6）

之时，人民解放军节节胜利，简子惠看到在上海流亡的"白俄"，在苏联十月革命胜利后，财产被没收，被迫流亡的悲惨命运，在南京、上海解放前夕，就把企业交给了几个儿子照管，自己去了香港。临行前，他对内地的企业作了安排，对子女们说："国民党贪污腐败，民心尽失，而共产党深得民心，'得民心者得天下'，这是谁都无法改变的趋势，所谓'识时务者为俊杰'，我们要识大体、顾大局。过去你们的祖父毁家纾难，支持孙中山革命，创建中华民国，有我们家的一份功劳。到我们这一代，白手起家，在上海闯出了一番事业，现在共产党要来了，工厂、房产都送给政府，今后国家富强了，也有我们简家的一份功劳；你们都长大成人，正值年富力强之时，到海外去打拼，照样可以闯出一片新天地来。何况财产乃身外之物，做人要拿得起、放得下！"

简子惠是在檀香山出生的，1898 年夏威夷群岛并入美国，他和他的子女们都持有美国护照，所以在上海解放前后，子女们听从了父亲的安排，都先后去了美国，而简庆福过去曾在苏北新四军抗日游击区收购畜产品，目睹共产党领导的人民抗击日本侵略者，胜利后，又在上海、南京亲历了国民政府的腐朽与没落，树立了共产党必胜的信念；再加上他家在上海解放前，曾掩护过地下党的杜宣（后任上海市文联副主席）和蔡若虹（后任中国美术家协会副主席），对上海解放也有过功劳。杜宣是简庆福外甥女叶露茜的丈夫，年龄比简庆福大 6 岁，论辈份却要叫简庆福舅舅；蔡若虹是他兄长的同学，长期住在简家，用打麻将来掩护自己的地下工作。两位共产党人对简庆福长期的潜移默化，使他对祖国的前景更加看好，在 1948 年移居香港后，遵父命就近负责处理家属遗留在国内的企业和房产，他效法祖父支持新生的人民政权，竭力为新中国多做贡献。

第三章　子承父业再创新篇

　　早年，在简庆福两岁半时，慈母病逝，父亲简子惠无暇照顾，就把简庆福送到中山县南塘村老家，请自己的姐妹代为抚养，稍长简庆福就进入南塘国民小学读书。这所小学由他祖父辈革命元老"南塘三简"出资创建，并由孙中山先生亲笔题写校训："朴诚勇毅"，设立在清光绪年间重建的简氏大宗祠内。大祠堂占地六百平方米，宗堂上分别挂着"经魁"和"进士"等牌匾，记录着先祖金榜题名的大事，还有十多幅历代题写的楹联，交待着村庄悠久的历史和勤耕苦读的传统。在学校的墙壁上铭刻着"国家基础，责在教育"八个大字，激励后人勤奋向学。简庆福在这所小学学习了两年，所受到的启蒙教育，为他打下了初步的国学和书法基础，使他受益终身。1928 年简子惠把年已 8 岁的简庆福接到上海，就在他家四川北路横浜桥附近的广肇公学就读。学生们的父辈大都是广东籍人士。简庆福初进广肇公学小学三年级，国文老师游慈照看到他写的字时，一直怀疑这作文不是他写的，认为三年级的小学生不可能写出这样端正秀丽的楷书。简庆福小学毕业后升入岭南中学，直到 1938 年在岭南中学毕业（图 7）。父亲简子惠认为孩子们已有一定的文化基础，应该到商界去历练，就让他们兄弟几人到自己经营的企业中去锻炼，熟悉业务，培养他们经商的兴趣，使他们从小就有商业头脑。

和岭南中学同学合影（图7）

一、踏上摄影艺术之路

简庆福继承了父辈经商的遗传基因，按照父亲教导的方式做生意赚钱。
1937年，年仅17岁的简庆福从国外订购的一辆英国名牌自行车运到上海，
当时正值中日淞沪战争爆发，接着上海沦陷，汽油停止供应，私家汽车都
被日本人没收充公。简庆福买的这辆崭新的兰岭牌车，顿时成为上海一些
富人追逐的对象，他在岭南小学同学颜世忠的老板，托颜世忠找到了简庆福，
出高价买走了这辆英国名牌自行车。简庆福用这笔钱托开自行车行的同学，
买进了30辆旧的二手自行车，再委托他翻新后转手出售，获得了高额利润，
赚到了他有生以来的第一桶金。

1938年，简庆福的父亲派他到南京负责当地的业务，简庆福从小爱玩、
爱运动和旅游，在业余时间也常去他三姐夫张汉灵和摄影名家蔡俊三合资开
设的景象照相馆玩，蔡俊三也是广东人，比简庆福年长30多岁，从1928年起，
摄影作品陆续在美、英、德、日、荷兰、奥地利、加拿大等26个国家约66

简庆福和父亲（图 8）

个国际摄影沙龙中获奖，荣获各种奖章 126 件，是当时最负盛名的中国摄影家之一。简庆福在他的启蒙下开始学习摄影，很快对摄影入了迷。他恳求管理公司财务的大哥简庆钧出资帮他买了一架德国产的新款禄莱弗莱克斯相机，当时这架相机价值好几两黄金，父亲知道后，认为他出巨资买玩物，很生气，训了他一顿，继而又鼓励他"玩也要玩出名堂来，要像蔡俊三一样玩成了不起的摄影家才是"（图 8）。简庆福有了照相机就如虎添翼，玩得更起劲了，当时玩照相的大都是些有钱人家的"小开"，因为不但照相机贵，进口的胶卷、冲印设备等都价格不菲，好在简庆福已经赚到了第一桶金，自己已薄有资产，不必事事向大哥开口要钱了。

二、师从张充仁学艺

简庆福受蔡俊三的影响酷爱诗词、书画，特别热衷于他的画意摄影，通过摄影触发自己审美的快感和趣味。为了提高审美能力和艺术修养，他于1942 年考进了上海美专（图 9），师从刘海粟、朱屺瞻、关良、李咏森、姜

简庆福在上海美专（图9）

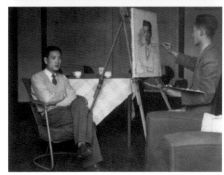

简庆福和王珲（图10）

丹书等大师学习西洋画，和程十髪同届而不同系；程十髪在国画系，只有在上书法课时，大家才同堂学习。当时简庆福既要每周上课五天半，又有大量的商业业务需要经营，在时间上很难两者兼顾。正好同窗好友王珲告诉他："在劳神父路有一家充仁画室，老师张充仁是比利时留学归来的著名艺术家，他采用因才施教、师徒传承的教学方法，每周仅上课两个下午，其余时间均让学生自由活动，学习环境优良而宽松，上海不少著名的艺术家如任伯年的外甥吴仲熊、许士骐、费伯夷、刘旭沧、王季迁等都在那里进修学艺，张先生不但在绘画、雕塑方面成就卓著、名闻中外，而且在摄影艺术方面亦有深厚的造诣，连摄影名家郎静山都常去那里向他求教和寻求帮助。唯一的缺陷就是学费贵，前去求学的大都是富家子弟。"简庆福听了正中下怀，立即邀

郎静山摄安敬斋修士（图11）

王珲同去充仁画室报名，好在刘海粟校长和张充仁也是知交，两人一致同意他们转学，这样简庆福和王珲就从上海美专来到了充仁画室学习（图10）。

张充仁先生四岁丧母，自幼在被徐悲鸿誉为"中国西洋画摇篮"的上海土山湾孤儿工艺院长大，他师从爱尔兰籍传教士安敬斋学习法语、绘画、摄影和照相制版技艺，1928年满师后，又在上海《时报》负责主编《图画周刊》，他和当时的摄影名家张篷舟、刘旭沧等一起创办了"以联络美的摄影同嗜，扩大美的摄影运动为宗旨"的《美社》，在摄影界也亨有盛名。

张先生告诉简庆福："摄影术在1839年由法国达盖尔（Louis Jacques Mande Daguerre，1787—1851）发明，1842年7月12日由天主教法国耶稣会传教士南格禄神父（Claude Getteland，1803—1856）带到上海，并开始了摄影活动，但不以经营为目的。这比史料中记载的1844年10月法国海关官员于勒·埃及尔（Jules Itier，1802—1877）在澳门拍摄的'中国第一张照片'，还要早上2年多。所以，南格禄神父应该是把摄影术带到中国来的第一人！此后，由法国传教士翁寿祺修士（Casimir Hersant，1830—1895）继承，他用老式的照相机拍摄了很多早期徐家汇地区和教会的历史照片，是天主教江南传教区最早的摄影师。他去世后，由爱尔兰籍传教士安敬斋（Henry Eu，1865—1937，图11）负责，安修士十分钻研，他跟踪最新的摄影技术，研究出一套实用的摄影和暗房操作方法，从19世纪末到20世纪30年代，数十年间，他用镜头记录了上海地区的景象，一生拍摄的照片多达数万张。安敬斋在1902年创立了土山湾照相制版部，享有'远东创制珂罗版之第一人'和"上海摄影第一人"的美誉，

充仁画室 （图 12）　　　　　　刘旭沧和郎静山等 （图 13）

当时上海很多摄影名家如郎静山等人都曾向他请教学习。"张充仁师从安修士达 6 年之久，满师后他继承乃师衣钵，负责《时报》画刊编辑，在上海摄影界崭露头角。1931 年张先生考进比利时布鲁塞尔皇家美术学院学习绘画和雕塑，成绩斐然、硕果累累，1935 年回国后创办了中国第一家集美术教学和创作于一体的私人西洋画室——充仁画室（图 12），向学生们传授绘画和雕塑艺术，在上海名闻遐迩。

　　当时在充仁画室师从张先生学画的还有著名摄影家刘旭沧（1913—1966，图 13），他从 1931 年起，作品先后被英、法、德、日、瑞士等国际摄影年鉴和摄影刊物选载；参加过 25 个国家的 295 个国际沙龙影展，获奖 54 次。据美国摄影年鉴统计，刘旭沧的作品当时在国际沙龙的入选数已名列世界第六位。为了不断提高自己的艺术水平，他拜张充仁为师学习素描、水彩和油画，从绘画中汲取营养，丰富自己的摄影艺术语言，刘旭沧从 1938 年起到充仁画室学艺，直到 1943 年，学习时间长达 6 年之久。简庆福追随张充仁先生学习素描、水彩、写生等技艺，进一步提高自己的艺术修养和审美能力。他又经常向刘旭沧学长学习，他们共同切磋技艺，探讨摄影艺术的真谛。这时简庆福先生逐渐感悟到摄影艺术发展之迅速，绘画作为记录和再现事物的作用已开始逐渐淡化，绘画艺术已经越来越趋向于成为表达艺术家的主观世界，及与观众作精神、心灵交流的媒体。而绘画和摄影都源于艺术家对美的感受，画家用画笔作画，摄影家用照相机摄影，都是追求一种美，都离不开构图、光、影、色彩、情趣等。父亲规定自己"子承父业"向经商的方向发展，不可能抽出大量时间静坐从事绘画活动，要做到艺术创作和经商兼顾，最佳的出路是在工作之余从事摄影艺术创作，用艺术家的眼光去构图、取景、用光、掌握明暗和色彩的运用、取舍，使自己的摄影作品能像绘画一样美丽动人，触动观众心灵，引起他们的共鸣。

简庆福先生在充仁画室目睹了张先生和郎静山等摄影名家的交往和合作。张充仁为郎静山打灯光拍摄肩扛水瓮女郎时，如何将光和影的运用达到最佳效果；还看他为摄影家修改底片，使作品趋于更理想的境界。郎静山将摄影技术和暗房操作结合中国传统的绘画理论闯出了"集锦摄影"的新路，张充仁为此撰文归纳为：第一是拼凑得法，第二是空气感觉，第三是取景变幻。对郎静山将西方的摄影艺术和中国山水画的写意美术融会贯通的"集锦摄影"，作了精辟的阐述。他还看到刘旭沧师兄好学不倦、博采众长、兼收并蓄的学风，他的摄影作品通过对西洋画的学习和理解，立意更新颖、构图更严谨，特别是那些经过精心布置拍摄的静物，更是精雕细琢，达到了出神入化的境界。刘旭沧家很富有，郎静山、张蓬舟、张充仁、黄仲长、卢施福等沪上摄影名家，常在青海路刘旭沧府聚会讨论，简庆福是其中最年轻的，大家用上海话戏称他"小八腊子"。就在这样一种浓厚的艺术氛围中，在张充仁老师和刘旭沧学长等摄影界前辈的启发下，简庆福在一种近乎完美的高起点上走上了摄影艺术创作之路。

第四章　经商摄影两兼顾

在 20 世纪三四十年代，西洋画和摄影是两项十分新潮的艺术门类，简庆福同时浸润于这两门互相通融的艺术领域，在当时国内最著名的艺术大师的亲自教诲下，技艺大进。1942 年他在南京汤山拍摄了他初出茅庐的第一张成名作《向前进》，画面以坡地为前景，拍摄农民们迈着沉重的步阀向上爬坡的艰辛场景，展示了笔者同情劳苦大众的纯朴感情。这幅习作在 1951 年新加坡国际摄影比赛中首次获奖（图 14），使他感觉到从事摄影艺术也可以有所作为，从此他与摄影艺术结下了不解之缘。但父亲规定他的责任是经商，艺术创作只能作为业余爱好。

一、在夹缝中经商

抗日战争时期，简庆福在沦陷区收购和加工畜产品，当时日本人主要控制了上海、南京、扬州、高邮、南通等城市，而共产党领导的新四军则分布在广大农村，汪伪政权仅仅掌管着交通沿线的小城镇和运输工具。年轻的简庆福穿梭在敌占区、伪政权和游击区之间做生意，他看清了日本人龟缩在一些城市的"点"，汪伪政权仅仅掌管了交通沿线的"线"，而共产党领导的抗日游击区则

《向前进》
（图 14）

简庆福在 1946 年（图 15）

控制了广大农村的"面"。日伪军队小部队不敢出城，大部队出来又找不到游击队，更控制不了农村，所以汪伪政权是"兔子的尾巴长不了"，小日本更是必败无疑！简庆福在游击区农村收购土畜产品，活跃了农村经济，很受当地人民的欢迎。但把畜产品运到城市加工，一路上就充满了风险。有一次他们运了一批货出来，在高邮附近，一排机枪扫射过来，把他身旁的几个人都打死了，同行的堂兄吓得好几个月精神不能恢复正常，只有简庆福从小胆大，生意还是照做不误，这样好不容易熬到了抗战胜利，全国人民欢欣鼓舞迎来了国民党还都南京。随着国际航路的开通，简氏贸易公司的畜产品成为国际上的畅销物资，生产也越做越大，父亲扩建了上海、南通、扬州、高邮、六合等地的加工厂。要简庆福（图 15）分管江、

简庆福在上海（图 16）　　　　　简庆福夫妇结婚十周年（图 17）

浙地区，坐镇南京，他们扩建了在南京的工厂，还把生意扩展到杭州附近的萧山，把江苏、浙江两省的货源集中起来加工，随后将成品统一运到上海，精加工后出口美国。

在这期间，简庆福（图 16）经历了他人生的三件大事：首先是他找到了自己的贤内助黄爱琼女士，他们在上海喜结良缘后，共生育了 4 个女儿和 1 个儿子，夫人相夫教子，持家有方，夫妻俩恩爱终身，白首偕老（图17）。其次是南京朝天宫附近的工厂，这是一长方形的地块，简氏的工厂占据了地块的四分之一；而隔壁的四分之三就是蒋经国任校长的国民党政治干部培训学校，他们为了扩充校舍出高价要买下这座工厂，使整个学校地块完整。而简庆福则因工厂任务繁重，坚决顶住不卖，好在当时的国民政府还要顾全面子，不得强行收购，工厂才得以保全。其三是进口美国机器，全面更新了工厂设备，从而大大提高了生产效率和产品质量。

二、忙里偷闲学艺

简庆福先生十分热衷于摄影艺术，但他清醒地知道"摄影艺术创作是

26

1946 年简庆福在南京（图 18）

烧钱的活"，没有经济基础的支撑，很难从事这项艺术创作，所以他只能把业余时间放在摄影艺术创作上。从摄影到暗房冲洗、底片修改到照片放大，经常是通宵达旦忙得不亦乐乎，好在充仁画室的老同学王珲这时也在南京工作，有了玩伴，拍照就更来劲了；他拍遍了南京附近的名胜故迹（图18），还趁出差之便，去了苏州、无锡、杭州等风景区拍摄。简庆福平时总是照相机不离身，看到好镜头、好题材就即兴拍下来，回去后再细细琢磨、慢慢研究，逐渐养成了他的终身习惯。这期间他和在南京开照相馆的高岭梅成了好朋友，还经常回上海向张充仁老师、师兄刘旭沧和老同乡卢施福等摄影名家请教学习，这样经过近十年的刻苦钻研，他逐步领悟了前辈摄影家开创的中西融合海派艺术的真谛，他用画家的的眼光取景、构图、掌握光影和色彩的变化，捕捉转瞬即逝的摄影良机。他对印象派画家莫奈（Claude Monet，1840—1926）和梵高（Vincent Van Gogh，1853—1890）的作品情有独钟，特别注重光与色的变化，以及自然予人瞬间的视觉印象，以饱满的激情感受和领悟自然与人类内心深处的情感。他像印象派画家那样，主张表现重于再现，强调表达作者的主观感受，在用光、用色方面，大胆体现自我的主观意识，使作品摆脱了对被摄景物的纯自然摹写，渗透

1956年，简氏全家在香港（图 19）

出自己内心强烈的情绪感受；简庆福熟读唐诗宋词，热衷中国书画，他深信苏东坡的诗句"腹有诗书气自华"，所以在他的摄影作品中，不仅包含了西方印象派的元素，还充满了中华民族的诗情画意，洋溢着东方神韵，他终于把自己锤炼成一位中西融合的海派摄影艺术家。

三、香港崭露头角

1948 年简庆福带着比他小 2 岁的爱妻黄爱琼女士、千金和初生的独子简国铭从上海移居香港（图 19），回到了他 28 年前的出生之地，尽管已显得陌生，但儿时依稀的记忆，还是使他备感亲切。但此时的港、澳地区经历了日本占领和第二次世界大战，满目疮痍、民不聊生，正处于医治战争创伤、百废待兴、复苏经济的转折期，触目惊心的现实，使来自十里洋场、国际大都市上海的青年摄影家把镜头对准了民间生活，拍摄了一系列目击社会现实的照片，如《等待》《沧桑》（图 20）《沉思》《慈母》（图 21）《小巷》（图 22）《心之光》《来生之愿》《岁月不饶人》等；同时他又以开朗的

《沧桑》（图 20）

《慈母》（图 21）

《小巷》（图22）

《农家乐》（图23）

心情拍摄了很多憧憬未开的杰作，如《农家乐》（图23），以明朗的影调、开阔的构图，表达了农民欢快劳动的场景和对未来的殷切期望。简庆福初登香港影坛，他的作品就展现了他把纪实摄影和艺术摄影融合在一起，身手不凡的才气，使他立即被接纳为香港摄影学会的高级会员。1951年他的习作《向前进》在新加坡荣获国际沙龙铜奖，他创作的《沉思》（图24），入选英国国际沙龙，并在年刊中刊登；但港、澳毕竟是弹丸之地，一直把镜头对准陋巷、危墙、古庙、贩夫走卒等芸芸众生之间的纪实摄影，使平时在祖国走南闯北惯了的年轻摄影家有一种压抑感需要释放，他很想能在浮躁不安的现实社会中，让心灵回归属于一种像群山、大地那般沉静而拥有定力的状态。因此，就组织了一批香港摄影家一起回祖国，到黄山去采风创作。当时到黄山的交通还十分不便，他不畏艰辛，攀绝顶、登高峰，寻找最佳的拍摄点。终于在天都峰上拍摄到了把黄山的奇松、怪石和云雾升腾的三大景观巧妙地组合在一起的一幅气势磅礴、动静结合、虚实有致、意境深远,还有大块"留白"富含中国画韵味的得意佳作《黄山云》（图25），画家张大千见后爱不释手，托结拜兄弟高岭梅向简庆福求索这幅杰作，并为此专门题诗一首回赠，诗曰"三作黄山绝顶行，年来烟雾暗晴明，平生几两秋风履，尘腊苔痕梦里情"，以此来寄托他三上黄山、思念祖国之情。1952年简庆福在澳门逆光拍摄的《奔在自由之路》（图26），获香港摄影学会第七届国际沙龙影展铜奖，成为当地华人首次在影展中获得的殊荣。接着他拍摄的《黄山云》又获香港摄影学会全年最佳作品金奖。香港、澳门有濒临大海的优势，年富力强的简庆福经常参加冲浪等海上运动（图27），也常游走在海滩、渔场、港湾，拍摄大海、渔舟、归帆等照片。1953年的一天，他和十几位影友们一起驾车去沙田、大埔间的吐露港海滨创作，看到微风吹拂下的海面，在阳光的逆射下，粼粼的波光自远而近，在空旷的海面形成明暗交错、疏密相间的层次，极富节奏感。他眼快手疾地按下快门，抢拍了这转瞬即逝的美景《水波的旋律》（图28）。1954年，《水波的旋律》打破了香港摄影界长期由洋人垄断大奖的历史，在香港摄影学会第八届国际沙龙影展中首次夺得了金奖，轰动了香港摄影界，香港摄影学会国际沙龙名誉会长、港督柏力基亲临祝贺简庆福夺冠，这幅作品在以后几十年里，在各类影展中获奖百余次，并被中国文化部列为20世纪中国经典摄影作品。自1952年起，简庆福以《黄山云》《奔

《沉思》（图 24）

《黄山云》（图 25）

《奔向自由之路》（图26）

简庆福在浅水湾冲浪（图27）

《水波的旋律》（图 28）

简庆福任评判（图 29）

《海恋》（图 30）

在自由之路》《水波的旋律》和《番茄》等摄影艺术作品，在香港摄影学会举办的国际沙龙中连续获奖，成为在香港荣获"四连冠"的第一人；简庆福在香港摄影界崭露头角、声名鹊起，有口皆碑。从此他不再参加摄影比赛，而被聘担任国际、国内许多重大比赛的评判（图 29）。1955 年简庆福在澳门沙龙摄影学院举办了第一次个人摄影展，并应美国路易士安那州国立艺术馆邀请在美国展出，展品中有拍摄于 1953 年曾获奖 60 余次的《海恋》（图 30）等，在国际沙龙中享有盛誉的作品。这一年他获美国摄影学会 APSA（会士）衔、英国皇家摄影学会 FRPS（高级会士）衔和国际摄影联盟 EFIAP（影艺卓越者）名衔。1956 年美国摄影学会（PSA）统计国际沙龙成绩，简庆福在 1953—1956 年连续四年，排名"世界摄影十杰"；当年中国《人民画报》等刊物，以大篇幅刊登简庆福的《海恋》《影的陈列》（图 31）等作品，是新中国最早介绍的香港摄影作品。1957 年简庆福和张汝钊、邬圻厚、何藩在香港举办摄影联展。同年穗港澳摄影家作品展在广州、北京、沈阳、上海、重庆等地巡回展出，简庆福的《水波的旋律》《海恋》等作品参展，展品的多样化题材和娴熟的拍摄技巧开阔了广大摄影工作者的眼界，对国内摄影创作推动极大。1958 年简庆福作为香港的特邀代表出席中国摄影家协会的北京摄影座谈会（图 32），以后长期出任该会的国家、国际影展评委。1959 年与张汝钊、刘怀广在香港举办首次彩色摄影联展（图 33）。1962 年与张汝钊、刘怀广、杨永麻在香港再次举办彩色摄影联展《日

《影的陈列》（图 31）

1958 年简庆福在北京
天安门（图 32）

在香港办首届彩色摄影展（图 33）

本风光》；并应邀参加香港摄影家学会主办，具有历史意义的《世界摄影名
作展》。为表彰简庆福在摄影艺术上的深厚造诣和对摄影界的贡献，香港摄
影学会颁赠他 Hon. FPSHK（高级荣誉会士）名衔。1965 年简庆福与胡雄德、
陈仕森、刘怀广及张汝钊在香港大会堂举办摄影联展。

四、把产业献给国家

　　1948 年简庆福迁居香港前夕，人民解放军已占领南京。简氏家族在南京朝天宫附近的畜产品加工厂，紧邻的国民党政治干部学校已顺理成章地由共产党的干部培训学校接收，该校为扩大校舍派军代表要和简氏家属接洽，希望能加以收购。简庆福闻讯立即赶到南京，表示愿意无偿将之赠送给学校，但当局按照政策，不能妄取民间财物，无奈之下，简庆福想出了一个"高招"，以一元钱的价格卖给学校，但校方还是不答应，最后由政府出钱，买下了这座工厂。当时人民币还不能汇出境外，简庆福就把这笔钱款分赠给留在国内的亲友。多年后简老和笔者谈及此事时说："为什么当时国民党出高价收购我的工厂，我不卖，而共产党要我的厂房，我愿意奉送？这是因为国民党已走向腐败没落，而共产党却'得民心者得天下'，这是大势所趋。"通过这件事，他深深地感到共产党是讲政策的。接着他又将在上海愚园路的工厂上交给国家，当时新从美国运到的机器还未开箱，他和工友们拆开了包装箱，将机器安装好，教会大家使用方法，然后漂漂亮亮地将工厂移交出去，后来听说这些工厂成为上海土畜产进出口公司的基础。接着他又把在江、浙两省的加工厂迅速地移交出去；最后移交的是在南通的纺织厂，他的小兄弟简庆德在那里当副厂长，厂长是位转业军人，他们相处得很好，1952 年小弟想去香港发展，把工厂和上海瑞金二路的住宅都移交给了国家，政府也很快批准他们全家 6 人移居香港。上海顺昌路恒昌里的 20 多幢房屋，也随后移交给了当地的房管所。对于这些往事，简庆福很想得开，他说："当年我祖父赤手空拳到夏威夷打天下，发了财支持孙中山先生，取得辛亥革命的胜利，创造中华民国有我祖父的一份功劳；以后我们又将父子二代的产业，支援新中国的建设，为国家的强大做了一点小贡献。所以，从中央到地方的各级领导都很尊重我，称我们为香港的爱国人士，现在我又目睹了祖国的崛起和强盛，使我备感自豪，更希望能够在有生之年为国家多做点贡献。"

第五章　到海外再展宏图

　　简庆福把他们父子两代在祖国挣得的产业，捐赠给国家后，回到香港，他们先前在香港的产业，早在二战日本人占领时期就荡然无存了。当时虽然还略有资金，也是举步维艰，他看到澳门经济比香港落后，地价和工价也比香港便宜得多，就花了 2 万多港币买了土地，造起厂房，重操旧业。但做了几年时间，内地的土畜产加工业迅速崛起，羽绒、肠衣、猪鬃、皮革等中国传统的出口物资，已由国家垄断经营，再无私人发展余地，不得不改弦换辙、再闯新路。

一、简氏贸易有限公司

　　头脑灵活的简庆福看到西方对新中国实行封锁，香港背靠内地，面向大洋，地处世界航道要冲，扼中国南方门户，已取代上海、广州等大城市，迅速崛起成为东方国际贸易和金融业的中心，随着香港经济的快速发展，珠宝贸易和房地产业大有可为，就设法转行，在香港皇后大道中的中环中心开设了简氏贸易有限公司，开展珠宝、钻石批发和房地产交易等业务。他经常往返于日本、大溪地（塔西提岛）、南非、欧洲、美国等地，把珠宝、钻石等进口到香港，然后向一些大的首饰公司批发出去，获利颇丰。

二、开设钻石加工厂

到了 20 世纪 70 年代中，他感到国内劳动力宽裕，开发劳动密集型产业应当有利可图，就在广州市郊和地方政府合作，投资了 200 多万元，开设了一家钻石加工厂，从南非进口小颗粒钻石，这种"碎钻"一克拉有 100 粒左右，价格很便宜，但可加工成首饰镶嵌上广泛采用的"群钻"。这项业务开始时在比利时做过，以色列在建国初期也曾做过，但随着经济的发展和工价的上涨，早已淘汰；后来移植到印度、泰国却很成功，因为那里的劳动力多，工价也低。简庆福从国外进口了机器设备，并派侄子在厂里负责，想在国内率先大干一场，不料事与愿违，当时进厂的工人大都是为了逃避上山下乡的年轻人，他们上班前先打篮球热身，到上班时已精疲力尽，难以集中精力从事这项枯燥而精细的工作；后来改进管理方式，采用"计件制"，实行"多劳多得"，但这些人根本不在乎这点区区的工资，一些农民工在多劳多得的刺激下，劳动的积极性很高，但机器的损耗加快，这样勉强维持了三年，负责工厂的侄儿心力交瘁，英年早逝，工厂只得草草收场。简庆福总结这次经验，认为自己太心急，当时国内还未改革开放，一切都未走上正轨，自己做了"第一个吃螃蟹的人"，只能"自食其果"了；如果这一项目放到 80 年代去做，就可能成就一番大事业了，特别是进入 90 年后，随着国内经济的腾飞，首饰加工业的兴起，"群钻"的消费量急增，前景更为看好！接着他又想在国内做珍珠出口的业务，当时国内的海水珍珠和淡水养殖的珍珠，发展极快，且售价低廉，可惜生产者急功近利，养殖时间太短，质量无法与日本和大溪地生产的珍珠媲美，在市场上的竞争力低，忙了一年多也未做成。

三、涉足房地产业

随着香港经济的快速发展，房地产业也随之兴起。简庆福在经营珠宝主业的同时把一部分闲散资金投入在房地产方面，作为副业，没想到收获颇丰。

首先他把 1948 年在澳门购进的厂房，在畜产加工厂停业、闲置多年后，于 1978 年以 1000 万港币售出，获利 500 多倍，如果放到现在出让，售价可达 1 亿多港元。当时正好在香港太平山顶卢吉道上有一幢原来由民国政府云南省主席"云南王"龙云建造的私人花园洋房,该房后来的主人急于出国,简庆福以 1000 多万港币的低价购入,又花了 1000 多万港币加以改造装修,住了 10 年后,以 1.2 亿港币售出,获利 5 倍多;他在太平山顶上的一套公寓,在 10 年前也以 1 亿多港币售出,获利近 10 倍;简庆福认为买房产牢靠,即使房价再跌,房子还在,还有上涨的机会,问题的关键是要看准时机,要有魄力。他说:香港回归前,一些有钱人和洋人,对香港的前景看不清,纷纷将房产低价抛出,移居海外,但香港回归后,经济发展、形势稳定,而在国外赚钱不易,他们又从海外迁回到香港,香港的房价节节攀升,我当时虽然也抓住机遇买进一些房产,但我胆子还不够大,只动用自己多余的资金;而香港一些有魄力的商人,看准商机,利用银行贷款按揭购房,都发了大财。

简庆福认为"做生意除掉靠机遇、靠魄力外,还得靠运气",他举例道:"20 世纪 80 年代末,我去美国旧金山探望夫人和女儿们,回程香港时,女婿驾车送我去机场,路过一幢大楼时,女婿说:'这幢楼的房主把大楼抵押给银行,后来房主破产了,银行也破产了,由政府接收,最近要低价拍卖。'我听了很感兴趣,就决定延期返香港,叫女婿驾车调头去看房子。房子有 7 层,面积很大,占地 1 万多平方,造得也很有气魄,但有些裂缝。因为当时旧金山大地震,损失很大,人心惶惶,这幢大楼缺人竞拍,就被我以 1600 多万美元的低价拍了下来。后来请地质专家检测,大楼正好处在地震带的边缘,花了 400 多万美元修理装修后出租,两年的房租就收回了全部投入;后来当地有位房产商看中了这幢楼,认为地处市中心高尚地段,位置好、面积大、基础好,想出高价买我上层的空间,继续加层造成高楼,被我拒绝了,现在这幢楼市值 1 亿多美元,所以我买这幢楼完全是运气好 。"

四、他是一位儒商

简庆福传承了他祖父和父辈的经商传统,是位老派的生意人。他严以律己、宽以待人、仗义疏财、交游甚广。他不抽烟、不喝酒,也不想 lead a wild life(拥有放荡的人生)。他和叶汉是过从很密的世交,和新赌王也是

41

《陷阱》（图 34）

在书房练字（图 35）

好朋友。他可以签单给朋友去澳门，提供免费的交通与宾馆的住宿、膳食，但告诫友人小赌怡情、浅尝辄止，不能大赌成瘾、沉迷于赌博，而他自己绝不参赌。对于生活，他也有自己的准则，年轻时他就喜欢运动、旅游、打球、玩摩托车、开汽车，样样精通；他是搞艺术的，当然更懂得欣赏美女，他在上海画模特儿，在香港为美女们拍摄裸照《玉立》《陷阱》（图 34），还曾带了香港的名模去内蒙沙漠拍裸照，为明星们照相；盛年时他也曾名花簇拥，偶尔也会开开玩笑，讲点俏皮话，但他"君子动口不动手"。他和自己的原配夫人黄爱琼女士白首偕老、厮守终身，人前人后都称她是："世界上最好的女人！"夫人晚年患血液病，和女儿们一起住在美国旧金山，简老每个月要从香港飞美国探望妻女，他陪夫人到世界各地旅游，让她享受舒适的生活，直至她在 10 年后的 2003 年寿终正寝。夫人驾鹤仙去后，他也不再续弦，至今十载有余还是独身。他常告诫后辈："I like to（我喜欢）风流，But never（但绝不）下流！"简老的生活很有规律，清晨六时起床，盥洗完毕，在书房练书法一个小时（图 35），接着和连登良、黄贵权等摄影界的老朋友们一起相约在中环的陆羽茶庄饮早茶、谈艺论道（图 36）；随后到

在陆羽茶庄饮早茶（图36）

和简国铭一起用电脑（图37）

公司和儿子简国铭一起用电脑看数码底片，搞修改拼接合成（图37），午餐后驾车赴冲印社将照片修改、放大、打印；如回家尚早，就接着练书法，晚上还要看看白天扩印出来的照片，静静地品味、细细地感受（图38），往往忙到深夜才上床，每天只睡5、6个小时。一有空，他就世界各地到处跑，去采风摄影，去帮助各地发展摄影艺术，或请朋友们吃饭聊天。整天忙忙碌碌，做他喜欢做的事，认为这样做人才有乐趣；否则整天关在家中，养尊处优，会闲出病来的。简老做了一辈子商人，他低调而精明地做生意，和夫人一起教子有方，儿孙们都事业有成，不必做"啃老族"。简老把生意和艺术分得界限分明，"属上帝的归上帝，属恺撒的归恺撒"；生意是生意，艺术是艺术，善事是善事。但难能可贵的是他能把生意、艺术和善事完美地结合在一起，把做生意赚的钱用在艺术和做善事方面，使他的人生更精采、更完美、更有意义！

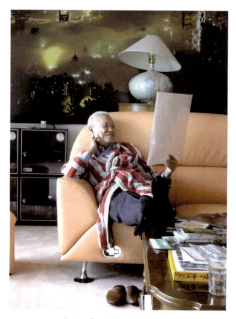
晚上看照片（图38）

第六章　促进国内摄影艺术的发展

简庆福在 1970（图 39）

新中国成立后，在很长一段时间内，把文艺作为实现政治目的和为革命事业服务的工具，强调艺术为政治服务、为工农兵服务。大力提倡普及通俗、写实的现实主义艺术，用艺术的方法，对现实生活作真实具体的描绘。摄影艺术也难逃作为为政治服务的载体和宣传工具的命运，摄影艺术的审美功能逐步被弱化。

一、香港来的摄影家

1956 年 5 月，毛泽东主席提出了"百花齐放，百家争鸣"的文艺方针，开启了新中国文艺史上短暂的辉煌时期，文艺界受到极大的鼓舞。在"双百"方针的推动下，1956—1957 年，《人民画报》等刊物接连以大篇幅发表了简庆福的摄影作品《海恋》《影的陈列》等，使他成为新中国媒体最早介绍的香港摄影家。当年年底，中国摄影家学会成立，把全国摄影工作者组织起来，推动了摄影艺术的繁荣和发展。1957 年开始，穗、港、澳摄影家作品展在广州、北京、沈阳、上海、重庆等地巡回展出。蔡俊三、简庆福、陈复礼等摄影名家展出的摄影作品题材多样、技法娴熟、富有生活情趣，以唯美形式见长，艺术性较强，给人以

45

强烈的艺术感染力。简庆福在中国摄影学会举办的历届全国影展中崭露头角，对繁荣这一时期的摄影创作，起到了一定的推动作用。1958 年简庆福作为香港的特邀代表赴北京，出席中国摄影学会的创作座谈会，此后长期出任该会举办的国家、国际影展的评委。1959 年简庆福和刘怀广、张汝钊等联合举办香港首次彩色摄影展览会，开始把传统的黑白胶卷摄影转向新兴的彩色胶片摄影。

二、"文化大革命"前后

简庆福先生一直视摄影艺术为自己的第二生命，在"文革"期间，他只能在港、澳地区和国外继续从事他的摄影创作（图 39），这里作者选了几幅他在此期间的作品，如在 1970 年在尼泊尔拍摄的《仙境》（图 40），1972 年在克什米尔拍摄的《遥远的路》（图 41），1974 年在尼泊尔拍摄的《低价不卖》（图 42）和在美国拍摄的《新生》（图 43），1975 年在孟加拉国拍摄的《川流不息》（图 44）和在美国拍摄的《山高路险》等。

1976 年"文革"宣告结束，作为十年浩劫重灾区的文艺界更是百废待兴。1978 年 7 月，中国文联宣布中国摄影学会筹备组成立，看来最糟糕的时代已经过去，人们盼望着新的时代早日来临。

1978 年底，党的十一届三中全会确立了改革开放的政策，开启了我国新时期的新局面。诗人顾城在诗中说："黑夜给了我黑色的眼睛，我却用它寻找光明。"人们在黑暗中终于迎来了希望之春。

1979 年春，建国以来第一个自发的民间摄影团体"四月影会"在北京举办了以"自然、社会、人"命名的摄影艺术展览，他们以充满自由的姿态告别了僵硬的教条文本，在影展的"前言"中公开提出：

新闻图片不能代替摄影艺术。

摄影，作为一种艺术，有它本身特有的语言。……应该用艺术语言来研究艺术。

摄影艺术的美，存在于自然的韵律之中，存在于社会的真实之中，存在于人的情趣之中……

他们相继举办了三届摄影艺术展，使摄影真正回归艺术，回归大众，打

《仙境》（图 40）

《遥远的路》（图 41）

《低价不卖》（图 42）

《新生》（图 43）

《川流不息》（图 44）

破了"文革"十年的文化专制和思想禁锢，开创了新时期摄影艺术多元化的格局，受到广大人民群众的欢迎。但由于受到"文革"以来长期闭关锁国、耳目闭塞的影响，展出的作品艺术水平不高，又没有经过严格的筛选，还不够成熟，有的显得很幼稚，制作也很粗糙。

1979 年 10 月底，邓小平同志提出：新时期繁荣文艺的方针、政策，要求"在正确的创作思想指导下，文艺题材和创作手法多样化，敢于创新；要防止和克服单调刻板、机械划一的公式化概念化倾向"，强调文艺工作者"要始终不渝地面向广大群众"，并指出"人民需要艺术，艺术更需要人民。自觉地站在人民的生活中汲取素材、主题、情节、语言、诗情和画意"，为繁荣新时期的文艺指明了方向。

三、改革开放后率先回国办展

简庆福看到这光明在望的大好形势，深受鼓舞，率先回国举办摄影艺术展，1979 年冬，大型"香港摄影家简庆福摄影作品展"在广州、上海（图 45）和北京（图 46）举行了巡回展，直到 1981 年春结束，和陈复礼在北京举办的"陈复礼摄影艺术展"南北呼应，在国内影坛影响极大。在从南到北举办的大型影展上，简庆福先生展出他各个时期的摄影艺术作品 102 幅，使"文革"以来长期处于封闭状态下的中国内地影坛耳目一新，仿佛吹来了一股春风。他带来了 20 世纪 30 年代蔡俊三、郎静山、张充仁、刘旭沧等先生倡导、并由简庆福等先生传承和发扬的"画意摄影"风格，他的摄影艺术作品既有西方"表现自我"、"抒发个人情感"的思想观念和唯美的风格；又延续了"诗情画意"的中国画韵味。很多作品似画非画，就像传统的水墨山水画，还有那些大幅的彩色摄影作品，像油画般地色彩浓厚，震撼人心。他作品中追求唯美画意的风格，扭转了摄影艺术曾经作为宣传、说教工具的倾向，既符合中国文化的传统，又迎合大众的审美情趣和精神需求。所以，展出期间，国家各级领导人和摄影界的重量级人物有亲自来剪彩的，也有来捧场喝采的。一时观众如云，好评如潮。可见经过十年的文化禁锢，"谈美色变"的国人对美的追求如饥似渴，许多艺术家从全国各地赶来观摩，对影展作品表现的唯美风格和画意摄影感到无比的新鲜和亲切，如"文革"中广受批判

简庆福摄影展在上海（图 45）

简庆福摄影展在北京（图 46）

的著名"黑画家"陈大羽教授（1912—2001），特意从南京赶到上海观展后，怀着激动的心情展纸命笔篆书"美在斯"三个大字，"书赠庆福学兄"（图 47），以表达钦佩之情。许多爱好摄影的观众看到简庆福先生的摄影作品在取材、构图、明暗、色彩以及暗房制作上的独到和创新之处，纷纷起而仿效，走上摄影艺术创作之路，对国内摄影事业的改革和走向产生了广泛影响。

　　当时国内的彩色摄影还刚起步，一些摄影家想用彩色胶卷创作，但还未掌握要领，简庆福有鉴于此，及时开设了彩色摄影技术培训班，全国各省各派一人前来学习，他还请了香港著名的暗房制作专家冯汉复前来讲课，培训了一批技术骨干，促进了彩色摄影的普及。

四、把住宅捐赠上海摄影家协会

　　20 世纪 80 年代以来，随着"改革开放"的不断深入，政治气氛逐步宽

陈大羽赠简庆福影展（图 47）

松，文艺领域蓬勃发展，摄影事业也出现了日益繁荣的局面，各地摄影组织逐步恢复成立了摄影家协会。简庆福看到上海摄影家协会还没有自己的办公楼，就决定将在上海市中心黄金地段华山路上的一幢三层楼的花园洋房捐赠给上海摄影家协会作为办公楼。但当时楼内还住有 6 户居民，简庆福再三上门动员他们搬走，居民们误认他是房管所的工作人员，拒绝搬迁；上海摄影家协会虽几经努力，也力不从心。年逾花甲的简庆福先生只能去找当时上海市政府的领导，说明房子是捐给上海摄影家协会的，市长问他是否有其他要求？因为当时上海市文联和上海摄影家协会都有意请他当领导，简庆福先生却说："唯一条件是我不担任任何职务。"市领导被简老一心为公的精神所感动，立即指定专人负责，设法拨出住房，很快将楼内的居民全部搬迁出去。1982 年简庆福终于如愿以偿地将楼房捐赠出去（图 48），至今已有 33 个年头了。虽然目前上海已经新楼林立，但上海摄影家协会对这幢老洋房还是情有独钟，一直在这幢有故事的老楼内办公。

把洋房捐赠给上海摄影家协会（图 48）

五、支持摄影事业不遗余力

简庆福有着"海纳百川"的宽广胸襟，其追求完美、真诚豁达的情感，直达于作品之中。他待人热情慷慨，支持港、澳、台和内地的摄影事业不遗余力。中国文联副主席、前中国摄影家协会副主席李前光和简老相识近30年，他说："没有简老不支持的业界盛事，没有简老不敢去拍摄的佳境，没有简老拒绝求见的影友。"在他看来，在"摄影界中简庆福是德高望重的，其'望'在作品，'德'在人品。……让我一次次地品味着'作品即人品'的道理。"聊聊数语，把简老评价得"见语似见其人"。

早在20世纪50年代初，简庆福就亲身经历和体味到国际沙龙影展在促进影艺交流、推动摄影事业发展方面所起到的巨大推动作用；他长期担任香港国际沙龙影展的评委；从1958年起他又作为中国摄影家协会的特邀香港代表，长期担任国家和国际影展的评委。改革开放后，1986年他参与发起了由上海市文学艺术界联合会和上海市摄影家协会主办的上海国际摄影艺术展，这是我国首个省市级对外文化交流的项目，也是上海历史上举办的第一个国际性文化大展，后每两年举办一次，此后简老一直担任此展的评委。2006 年第八届国际摄影展开幕，他又不辞辛劳地主持评委会工作（图49），出任评委的有中国摄影家协会副主席李前光、英国皇家摄影学会会长拉尔夫•杰克森、日本写真家协会副会长熊切圭介和美国摄影学会、荷兰世界新闻摄影基金会、法国玛格南图片社、世界新闻摄影大师班教授等 12 位国际著名摄影家，收到世界各地提供的摄影杰作 8300 余幅，把上海国际摄影艺术展办成真正具有国际影响的摄影大展。到 2012 年，上海国际摄影艺术展，已经进行到第十一届，来自世界各国的的专家评委达 17 人，参赛的作品来自美国、英国、德国、加拿大、俄罗斯等 32 个国家和地区，以及国内各个省市以及港、澳特区和台湾地区，摄影作品达到 16000 余幅。评委们经过两天多轮挑选和不记名评审，结果 14 个金奖全被中国摄影家摘得。著名摄影家雍和说："这也说明我们国力的增强，个人能力的提升，中国摄影人的目光已经投向海外，足迹遍布全世界，中国摄影师已经融入国际摄影的潮流。"上海的国际摄影艺术展至今已进行到第十二届，成为当今具有国际权威性的重大赛事之一，这使已经 93 岁高龄的简老充满了自豪。

2007 年秋，简老赴山西平遥国际摄影大展，出任首届"寻找中国十佳数码摄影师"评委会主任。如今，平遥的国际摄影大展，已经进行到十二届，简老也经常去参加那里的评选活动。

早在 1986 年，上海市侨联摄影家联谊会成立，邀请德高望重的"老上海"简庆福做会长，至少挂名做个名誉会长，却被平时十分"好说话"的简老坚决谢绝，表示只愿做顾问，他说很多摄影机构都想请他当会长，但人的精力有限，不担任领导职务可以超脱些，做个摄影发烧友最好，后来该会转成上海市华侨摄影协会。2008 年起，要举办上海国际"郎静山摄影艺术奖"，简庆福被推选为终身评委会主任，对此简老却积极参与，每年举办评选他都会亲临，认认真真地参加活动。记得 2011 年的那次评选，简老从香港匆匆赶来，适逢大雨滂沱，简老赶到华侨大厦时，已经全身淋湿，皮鞋中积满了雨水，评委们见此情景，无不为之动容。现在"郎静山摄影艺术奖"已举办了八届，为提高国内摄影艺术的水平以及和国际摄影艺术的交流提供了新的平台（图50）。

主持第八届国际影展（图 49）

上海国际"郎静山摄影艺术奖"
评选（图 50）

　　此外，国内举办各种摄影大赛，他都会欣然参加，如 1996 年他和吕厚民、陈复礼、陈淑芬等组织和参与"中国周庄国际旅游节暨摄影大赛"，来自美国、新加坡和港、澳、台等 11 个国家和地区的百余名摄影家参与；到 2007 年周庄的国际旅游节已经举办到第 12 届，简老每届都到，共襄盛举。又如 2003 年举办苏州太湖风光国际摄影"简庆福杯摄影大赛"，中国摄影家协会会长邵华将军亲临主持，盛况空前。再如 2008 年"青海三江源国际旅游摄影节"、2009 年举办的"天下龙脊国际摄影大赛"、2010 年南京举办的"中山杯国际梅花节摄影大赛"等，简老都是有请必到，为推动我国的摄影事业，竭尽全力。

"三人行"摄影展（图 51）

　　简老从 1955 年在澳门和美国举办个人影展开始，1957 年和张汝钊、邬
圻厚及何藩在香港举办联展，并和港、澳摄影家首次回内地，在广州、上海、
北京、沈阳、重庆等地举办摄影作品巡回展。1959 年他和张汝钊、刘怀广
在香港举办了首次彩色摄影联展。1962 年、1967 年再次在香港和张汝钊、
刘怀广、胡雄德和陈仕森等举办五人摄影联展。改革开放后，他立即赶回祖
国，从 1979 年开始到 1981 年，先后在广州、上海、北京举办大型的"简庆
福摄影作品展"，为祖国大陆带来了崭新的摄影艺术，震撼了国内影坛，也
影响了国内摄影艺术的走向。1985 年他和港、澳摄影界联合主办的"港、
澳摄影艺术作品展览"在北京中国美术馆展出，受到李鹏、姬鹏飞等国家领
导的接见。1989 年，英国皇家摄影学会在巴库的总部举办简庆福个人影展，
同年，简庆福再回上海举办个人影展。1991 年他在广州举办"简庆福摄影
作品展"。1992 年他在加拿大温哥华举办"简庆福摄影作品展"。1993 年
他和陈复礼、何藩、张五常举办"往日时光——四友联展"。2000 年，简
庆福和连登良、黄贵权在北京举办"三人行"摄影联展，并在各地巡回展出（图
51）。2001 年，在香港筹办"艺影春秋——香港艺术摄影 1900—2000"展。

"乐晚晴"摄影展（图52）　　　　　2006年简福庆摄影展（图53）

简庆福、陈复礼、黄贵权摄影家联展（图54）

2002年和连登良、黄贵权于上海举办"夕阳红"摄影联展，后来又在广州
等地展出。2004年在澳门举办"简庆福名家作品展"；和连登良、黄贵权
在贵州和杭州举办"乐晚晴"三人摄影联展（图52）。2006年在上海国际
影展举办"简庆福摄影艺术展览"（图53）。2007年在香港国际机场举办
"光影画意——大师简庆福摄影展"。2009年和陈复礼、黄贵权在香港文
化博物馆举办"光影神韵"三人摄影联展，并邀请内地、港、澳、台摄影
专家进行学术讨论（图54）。2009年简老参加上海迎建国60周年举办的"祖

上海摄影界为简老九十华诞办展祝寿（图55）

国颂"摄影展。2011年，中国摄影家协会在北京、华侨摄影协会在上海先后为简老的九十华诞隆重祝寿并举办影展（图55）。2012年荣获美国摄影学会的"终身成就奖"，并应邀在旧金山举办"光映岁月——简庆福摄影展"（图56）。2014年初在上海中华艺术宫举办"画意人生——简庆福摄影艺术展"（图57）；11月初又在北京举办"光映无垠——简庆福摄影作品展"；年底还将在上海新成立的"简庆福摄影艺术馆"举行预展。他这样不遗余力地不断在国内外举办个展或与影友们联办影展，目的就是交流影艺、活跃影坛，共同提高国内

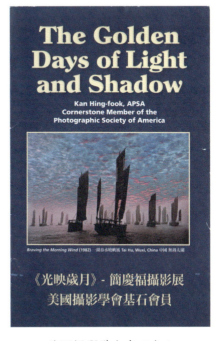

美国摄影学会在旧金山
为简老办展（图56）

上海中华艺术宫为简老办摄影艺术展（图57）

简庆福与郎静山（图58）

外的摄影艺术水平。

简庆福从 1980 年开始在香港出版第一本《简庆福摄影集》，1987 年出版第二本《简庆福摄影集》，1993 年与陈复礼、何藩、张五常举办"往日时光——四友联展"，也出版了影集。1998 年在上海出版第三本《简庆福摄影集》。2000 年，他和连登良、黄贵权出版《三人行》摄影集；2002 年出版《夕阳红》摄影集；2004 年出版《乐晚晴》三人摄影集。2006 年中国摄影出版社出版了第四部《简庆福摄影艺术》。2007 年和陈复礼、黄贵权出版《光影神韵》三人摄影集。2008 年又在北京出版了第五本《简庆福摄影艺术》。2010 年中国摄影出版社出版《中国影坛长青松——简庆福》和《简庆福》；当年年底又出版了《简庆福黑白摄影选辑——光影乐晚晴》和《简庆福摄影艺术典藏》。在 30 年漫长的艺术创作活动中，**他连续**出版了 9 种个人的影集、5 种和影友合作的影集，无论在质和量方面来看，在国内外都是罕见的。

简庆福和黄金树（图 59）

海峡两岸摄影家交流（图60）

　　简庆福同时拥有美国、英国的护照和香港身份，可以方便地在世界各地游走。他经常往返海峡两岸，和台湾的摄影家也有着广泛的联系。1986年，年逾花甲的简庆福先生赴台湾，陪同摄影界的元老、已是95岁高寿的郎静山回到祖国内地（图58），在上海、浙江兰溪等地探亲访友和开展学术交流，年底在上海美术馆举办了郎氏摄影艺术作品展，展出作品160余幅，这是台湾摄影作品首次在内地展出。接着在1991—1992年又陪同郎静山两次回内地探亲和进行交流，到过上海、兰溪和北京，还在首都故宫举办了"郎静山百龄百幅摄影作品展"。1993年，简庆福和黄金树等（图59），又多次穿梭联络促成中国摄影家代表团在1993年走访台湾，沟通了以郎静山为代表的台湾摄影界和大陆摄影界的交流，密切了两岸摄影界的联系（图60）。

第七章　寄情于景祖国最美

1951 年简庆福初登黄山（图 61）

　　中国古代文人乐于"寄情山水"、"天人合一"的境界。简庆福认为摄影艺术创作不仅要记录名山大川的客观功能，还可以借助图像来抒发作者内心的激情，托物言志、借景抒怀，给人以感染和启迪。他一直念念不忘1951 年和香港摄影家们在黄山摄影创作时那种"悠游山水"、"天人合一"、"物我两忘"的境界（图 61），深感意犹未尽。所以"文革"刚结束，他首先想到的是故地重游、再回黄山采风。

　　1979 年 8 月，香港的陈复礼、简庆福等 18 位摄影家应邀赴黄山创作访问，受到辛亥革命元老廖仲恺的公子、时任国务院外事办主任廖承志的热情接待。廖公说："我们国家很美，你们搞摄影的应该多拍些照片，介绍祖国的美好山河，我们国家迟早要开放的，到时候旅游业会大发展，摄影要为旅游开路。"简庆福热爱旅游创作，但过去到国内旅游摄影受到很多限制，那时海外来的人拿照相机拍照，有时会被怀疑成特务、间谍。1951年他在黄山采风后要回香港，上海派出所却把他的通行证给扣了。1958年他在北京因拍摄路边老人抽旱烟的镜头，被公安局传唤；1962年在无锡火车站因拍摄"阴暗面"，又被公安局抓进去过；甚至到了20世纪80年代，还被上海的派出所传讯过。虽然经历过"三进宫"，每次都很快被礼请出去，但毕竟是不愉快的经历。十年"文革"期间，要回大陆更是困难，他只能到世界各地去旅游创作。听了廖公"国家要开放"、"旅游会大发展"、"摄影要为旅游开路"的话，深受革命前辈的启发和鼓舞，决心用手中的相机，多拍祖国的大好河山，为发展祖国的旅游业，当好开路先锋。此后，简老在内地的摄影行踪，如梭如织般地密集，仅以他90高龄以来每一年、每一季、每一个月的频频出行的地方和次数，也难以统计。笔者只能从所见、所闻中，撷取15个典型的新老旅游景点，尝试展示他寄情于景的创作风格以及力争完美的艺术态度。当然，在无数和简老交往的影友看来，未免挂一漏万、很不全面，只能有待来日。

一、情有独钟黄山云

人们常说："五岳归来不看岳，黄山归来不看山。"黄山之美美在云海、奇松和怪石，但欣赏云海却要靠运气。黄山春夏多雨水，云海奇观最易显现，尤其在雾雨初晴时，云海常从幽壑的谷底缓缓升腾漂浮，随着微风四散开来，笼罩在怪石奇松上，影影绰绰地勾勒出远山近景似幻似真的轮廓。微风渐止，云海层层堆积，欲与山峰试比高，群峰躲藏在云海中，若隐若现，偶尔露出一处山尖，很快隐没在云海中，让人望"洋"兴叹！所以要把黄山的云海、奇松和怪石巧妙地组合在一起，不仅要有不辞辛劳攀登绝顶的勇气和体力，找到最美的取景角度，还要有耐心等雨过初晴时。那时，云海涌动、变幻莫测、一望无际，在转瞬即逝之时你要迅速地按下快门。1951年，简庆福先生用黑白胶卷拍下的得意杰作《黄山云》，就像一幅水墨山水画，颇具张大千先生山水画意蕴。他在黄山各景点间不停地走动，寻找合适的角度，他在天都峰俯瞰拍摄，只见玉屏峰拔地而起，山体陡峭、岩石光洁如玉，在飞云的笼

（The Golden Days of Light and Shadow by photographic Master Kan Hing-fook）

《峰高千仞美似玉屏》（图62）

罩下，远远望去，山岳似见非见、若隐若现、虚无缥缈，美如仙境，他身处"云自天外来，山从云里隐，但见山中云，不知山远近"的"天人合一"的境界，镜头中看到的都是充满诗情画意的画面，激发起他一种拍摄创作的冲动，置身其中，忘我拍摄，留连忘返，总想把眼前所见到的美景，都用胶片记录下来；但是要拍到一张真正满意的作品，还要赋予眼中美景一定的想象力，将云海、奇松和怪石等景色和自己心中的意境结合起来，达到一种只可意会不可言传的境界，是十分困难的。他说：对于"横看成岭侧成峰，远近高低各不同"的黄山，各人都有自己的着眼点，就像一千个人心中有一千个哈姆雷特一样，每个人都有自己心目中的黄山景点，那怕在同一地方，在不同时刻，就会拍到不同的画面，阐释出不同的意境。所以他要向刘海粟老师"十上黄山"学习，不断地上黄山，不停地观察黄山、拍摄黄山，直到1992年，才拍成一张比较满意的《峰高千仞美似玉屏》(图62)。简庆福先生说："国内最早攀登黄山摄影的是张大千和郎静山，他俩早在20世纪30年代初就登上黄山。但下苦功最多的是我的老同乡和忘年交、上海摄影界前辈卢施福医

63

简庆福先生在黄山险峰（图63）

生（1898—1983），他先后登上黄山11次，早在1948年，就出版了《黄山影集》。解放后他调到安徽工作，生活得并不如意，'文革'期间深受迫害，我曾和他在合肥见过面，真是'老乡见老乡，两眼泪汪汪'。1964年老舍夫人、画家胡絜青曾为他题诗：'黄山奇绝处，世上几人知，欲识云中路，须随卢大师。'而我则是解放后第一批拍黄山的摄影家。那时从上海去黄山，交通十分困难，登山还要手脚并用爬上去，登天都峰、过狭窄的鲫鱼背时，雨后路滑，令人胆战心惊（图63）。当然，现在黄山成了著名的旅游胜地，乘飞机、坐火车或长途汽车都十分方便，登顶还有缆车直通。"我问简老究竟多少次登黄山？他说："多得连我自己都记不清了，只记得20世纪末，我在黄山爬上一棵松树向下俯拍，不料松枝折断，我也跌伤了颈椎，带了半年多颈套才痊愈。"2013年4、5月间，简老又连续两次上黄山，拍了几幅虚中有实、气势磅礴、意境幽深的作品，它们像中国山水画一样，淡墨勾勒、黑白对比强烈、层次丰富、一派清新，简老觉得这才是他心中的黄山（图64）。他想把60多年来拍摄黄山的精品结集成一本《黄山摄影艺术》，向全世界宣传黄山的美景。

《黄山揽胜》（图 64）

二、桂林山水甲天下

　　1979 年，简庆福和陈复礼等人结伴去了"桂林山水甲天下、阳朔山水甲桂林"的广西桂林 (图 65)。拍了很多风光照，如《赶鸭》(图 66) 等，发表在旅游杂志上，使海内外的旅游者，再次关注这著名的风景胜地。此后，

与陈复礼在桂林（图 65）

《赶鸭》（图 66）

周庄国际旅游节暨全国摄影大赛（图 67）

简庆福先生还多次来到广西采风，他对层层叠叠的龙脊梯田很感兴趣，拍过不少照片，广为宣传这壮美的人文景观。2009 年冬，《摄影之友》杂志社举办首届"天下龙脊国际摄影大赛"，简庆福先生任名誉主席。现在那里已成为摄影家的乐土，吸引了大批摄影爱好者前去摄影、创作，还带动了那里的旅游业。

三、中国第一水乡

简庆福先生在年轻时代就随张充仁、刘旭沧等师友去上海附近的江南水乡采风，对周庄、南浔、乌镇的水乡风光，更是念念不忘。所以在改革开放伊始的 1979 年，在"春风又绿江南岸"的季节里，他就满怀着"青春作伴好还乡"的喜悦，带着香港一批摄影家去苏州的周庄采风，当时那里的条件还很艰苦，他们夜宿在农民家中，但周庄的水乡风情却让香港的摄影家们着迷。简老年复一年地带领一批又一批的摄影家前去摄影、创作。1996 春举办了"周庄国际旅游节暨全国摄影大赛"，来自美国、加拿大、新加坡和港、澳、台等 11 个国家和地区的百余名海内外著名的摄影家齐集

《春绿南浔》（图68）

《雾霭周庄》（图69）

李文君陪简庆福在周庄（图 70）

周庄摄影、创作 (图 67)。简老对江南一带的水乡都很钟情，笔者曾陪他去朱家角拍摄小桥流水人家，参观摄影家尔冬强收藏的明清民居；还陪他去南浔古镇，为他的老学长刘旭沧纪念馆题字，观摹了著名画家吴蓬的字画，还拍了幅充分展示江南水乡民居特色的《春绿南浔》(图 68)。2004 年初夏，笔者陪简老在七宝古镇拍水景，晚饭后简老突发奇想，叫了辆出租车和笔者直奔周庄去拍夜景。笔者说："你前两天刚从周庄拍了不少照片回来，怎么还要去？"他说："我这些年来一直在拍周庄，除掉《雾霭周庄》(图 69) 外，满意的作品还真不多，刚才我突然想到拍周庄的夜景，还有可以改进和突破的地方，所以要去补拍。"拍完回到上海，已是凌晨的 1 点半了。为了得到好作品，简老就是这么"任性"。2010 年港、澳、台、内地两岸四地的摄影家齐心合力举办"艺术家眼中的周庄"摄影展在香港开展，简庆福等摄影家展出了近 30 多年来拍摄周庄的作品，使周庄以"中国第一水乡"闻名天下，每年吸引数百万海内外游客前来观光度假，成为中国最早、最著名的水乡旅游景点，而周庄旅游公司的李文君也成为简老的忘年交和摄影伙伴 (图 70)。

《雪霁》（图 71）

四、再探九寨沟

　　1980 年，"五岳寻仙不辞远，一生爱入名山游"的简庆福先生，听说在四川、西藏交界处的九寨沟一带莽原荒山，人迹罕至，神秘莫测，不禁怦然心动，想到这块神秘的荒凉之地去探险。当时往九寨沟交通十分艰难，拍摄不易，未能尽兴。直到 2005 年初春，简庆福再次来到九寨沟，此时残雪尚未消融，而春绿已经来临，他拍了《雪霁》(图 71)、《春潭千丈绿》(图 72) 和《春江水暖鸭先知》(图 73) 等三幅得意杰作。他用孟浩然"雪罢冰复开，春潭千丈绿"的诗句，对景抒情言志，用艺术的语言表达了"冬天过去了，春天还会远吗"的意境。冬雪渐消、万籁皆静，幽静清澈的湖水中，他用电脑制作放进了一群"白毛浮绿水，红掌拨清波"的白鹅，使整个画面动静结合，生气盎然。最后值得注意的是：他以九寨沟孔雀桥的湖水作为拍摄对象，

《春潭千丈绿》（图 72）

《春江水暖鸭先知》（图 73）

《疑是孔雀落九寨》（图74）

完全摆脱了对自然的自然主义摹绘，借鉴印象派的绘画手法，用主观的、心灵的色彩，着重突出了湖面波纹的各色反光，形成了抽象的色块组合，使画面犹如孔雀开屏，令人眼花缭乱的《疑是孔雀落九寨》(图 74)，触发了我们对九寨沟的无限遐想；也使人联想到抽象幻影的魅力，有时会比具象写实的艺术境界更能表达艺术家内心的感受，而将自己的主观意愿凌驾于自然之上，这无疑也是他艺术表现领域上的一些突破吧。

五、别开生面张家界

1981 年春，简庆福先生听到不少湘西山区的传闻，又和十多位摄影家从浙江绍兴绕道湖南长沙、经大庸去了湘西的青岩山 (图 75)。当时张家界和索溪峪、天子山还互不相通，青岩山也未开发，许多地方尚人迹罕至。他们徒步攀登了青岩山美景最集中的黄狮寨，这是一小块四周由悬崖峭壁共同托起的小平坝，前后只有两条小径可供上下，大有"一夫当关，万夫莫开"之势，登顶环顾，四周奇峰怪石，鬼斧神工，无限风光尽收眼底，因此当地

在湘西青岩山（图 75）

在太湖登渔船（图 76）

《一湖春水晓帆风》（图 77）

有"不到黄狮寨，枉到青岩山"之说。简庆福环顾左右，不禁诗兴勃发，谓
然长叹曰："踏遍名山千百崖，方到天涯绝妙处。"到腰子寨时，正巧遇到
也在那里采风的陈复礼、陈勃等四人，他们一起拍了不少照片。随后，简庆
福等人下山，而陈复礼等一行继续攀登黄狮寨。回香港后，他们先后举办了
"张家界风光摄影展"；还在《中国旅游》等中外杂志大篇幅地发表了他们
的摄影作品，使当时还"养在深闺人未识"的张家界、青岩山等默默无闻的
湘西群山，有了"别开生面张家界，竟在五岳黄山外"的美誉，名扬四海，
广为海内外知晓，旅游业也迅速随之兴旺起来，而简老的赞叹语也被张家界
旅行社编进了导游词。

六、情系太湖渔舟

　　1985 年夏，简庆福先生带了 28 位香港摄影家经苏州到无锡，他们赶在
5 月 22 日渔港乡太湖渔汛开捕之前，登上了一条大帆船，清晨随船队出发 (图
76)，当时很多渔船挤在一起，很难施展，一直拍了 5、6 个胶卷还未拍到一
张中意的，直到上午 9 点左右，才抓拍到一张展示渔汛首日，千船竞发、百
舸争流、气势豪迈的《一湖春水晓帆风》(图 77)。简庆福先生说："拍了
一生渔船，这张照片无论从构图、气势还是色彩来看，都是很好的，可惜天
公不作美，当时天空的色调欠佳，水天一色，灰蒙蒙地连成一片。后来我在
美国加州海滨拍了拂晓的彩云，在香港再将两片合成，试了好久，才成为现
在这幅朝霞万里，水天各色，气势豪迈，比较完美的照片。"以后只要有机
会简老就会去无锡拍太湖渔船，当地的摄影家协会周时雨副会长说：简老到
无锡采风至今已有 30 多次，拍摄的太湖风光不计其数，每次他都希望能拍
出超越《一湖春水晓帆风》，纯自然风光的作品，但很难如愿。直到 2003 年，
他在苏州赞助举办的"太湖国际旅游摄影节"上，笔者随他出发，从清晨一
直拍到傍晚，才在太湖上空遇到了极其绚烂的晚霞，抓拍到一张巧夺造化、
意境深远、描绘千船竞发、乘风扬帆、志在千里的《畅风扬帆》(图 78)，
完成了他 20 多年的心愿。

《畅风扬帆》（图 78）

七、拍摄藏区景观

1985 年，简庆福和杨绍明、陈复礼等联合组织香港摄影团体回祖国内地采风、摄影和举办展览，中国摄影家协会石少华主席亲临机场迎接 (图79)，还受到国家领导人的亲切接见。当年简庆福去西藏采风 (图 80)，他不满足仅仅停留在拉萨，而是深入藏区拍摄藏民的生存状态，挖掘其中的人文内涵。《回眸》(图 81) 是幅肖像创作作品，在高原阳光强烈的照射在藏族老人布满皱纹的脸庞和瘦骨嶙峋的手指细节上，从中可以看到老人曲折而坎坷的人生阅历，他光身穿着宽松油污的藏皮袄，一切显得粗犷而简陋，隐喻着他的民族特征和生存环境。简庆福对西藏的人文景观十分着迷，此后又多次赴藏区采风拍摄。

香港摄影团回内地采风（图79）

简庆福在西藏（图80）

《回眸》（图81）

《彷徨》（图 82）

《时来运转》（图 83）

《冷眼看红尘》（图 84）

　　1987 年，简庆福在甘肃用 500mm 反射式望远镜头，抓拍了一位藏族妇女朝圣者在寻找精神的归宿时内心的困惑《彷徨》(图 82)，用长镜头抓拍了拉卜楞寺中正在进行佛事活动的喇嘛和朝圣的藏族老大娘，在获得神佛祝福后深感幸福的《时来运转》(图 83)；以及寺庙中的喇嘛从佛门中看尘世的《冷眼看红尘》(图 84)。这三幅作品表达了简庆福先生本人对宗教信仰的困惑和冷眼旁观的心态。

《天地》（图 85）

《奔腾》（图 86）

《辉煌的金秋》（图 87）

八、坝上草原风情

简庆福先生对塞北高原的坝上很感兴趣，那里原是清廷狩猎、习武和阅兵的围场，解放后建成了察北牧场，笔者在"文革"前因从事畜牧业工作曾三次因公前往，对那里天高云淡、风吹草地见牛羊的草原风光，感触颇深，曾多次和简庆福先生谈及。简老闻讯后，从 1999 年起，多次和影友们一起前往牧区采风，拍摄创作了《天地》(图 85)、《芳草天涯》等佳作。2005年简老选择了草原上一片沼泽地作为拍摄背景，组织了一群马从远处奔驰而来，在逆光下马群践踏出层层浪花，创作了作品《奔腾》（图 86），他采用 1/1000 秒的快门，抢拍了奔腾的马群和飞溅的浪花，马群充满野性和生机，作品讴歌了大草原中牧民的阳刚之气。创作《羊群》时，他又别出心裁、一反常规地用顺光去拍摄一群在行进中的羊群，从而混淆了羊和羊之间的间隔，乍看去就是一片土黄色，要仔细辨认，才能看出羊群真面目。这种主题和形象之间的错位，没有确定性指向的画面，却往往能调动观赏者的想像空间。2007 年金秋，简老带了一批加拿大影友前去坝上采风，偶然看到金黄色的山坡下，一处简陋的牧民窝棚，前面晒着一串串红辣椒，两只白山羊静静地在那里休息，好一幅充满诗情画意的塞外田园风光，简老拍下了这幅《辉煌的金秋》(图 87)。同行的影友们面对此景，有的镜头偏上，拍摄了深绿色的树丛和金黄色的前景；而更多的镜头偏下，拍了前面的池塘。回去一对比，都不如简老拍的那张构图集中、层次丰富，能在画面上以较高的饱和色表现出金秋的辉煌。简老认为他之所以拍得成功，得益于他学画的经历，能敏感地捕捉到大自然的色彩，同时把握好构图。简老的这两幅作品都登上了"神舟九号"，遨游太空，引来了一批又批的影友循踪来到坝上采风，而《辉煌的金秋》也成为一个景点，牧民用绳索把这个诞生作品的地方围起来，要照相得付钱！简老带了批影友去摄影，当地居民照例向他收费，老爷子风趣地反问："究竟是我向你付钱，还是你向我付费？"牧民认出是简老都乐了，纷纷说：是我们应该向老爷子付钱，如果没有您的照片，哪能引得国内外这么多的游客来此旅游拍照呢！

九、霞浦滩涂风光

进入新世纪后，简老在国际摄影展中，看到了郑德雄等人拍摄的《海的乐章》、《海的故乡》等作品，很感兴趣，迫不及待地带了一批影友前去福建霞浦采风。霞浦位于闽东沿海，海岸长达 480 公里，拥有浅海滩涂 104 万亩，大小岛屿 196 个，是全国滩涂面积最大的县。那里近海养殖业有捞鱼苗、种紫菜、收海带，还有"海上渔村"等，浓郁的人文景观和潮起潮落时的自然风光，让摄影爱好者一年四季都有很好的创作题材。简老在霞浦拍得兴起，经常从清晨拍到傍晚，留连忘返。他每次拍摄回上海后，就急着付印，研究怎样改进，怎样使用电脑合成，才能将那绝美的景色和渔耕场景，变成一幅幅美妙的作品。没隔多久，简老又从香港带来了经电脑处理放大后的巨幅照片，平铺在上海寓所的地板上，让大家分享他心中的美景。这里笔者摘录了摄影爱好者蔡胜平的一段记载："2012 年简老从香港回来，将一幅放大成 6 米长的霞浦摄影巨作铺在地板上，指着画面问我：'我做了电脑处理，你看得出吗？'我说，'层次处理了，色彩变淡了，对吗？'？简老摇摇头说，'还有东西搬动过了。'只见在水色空蒙中，有一行渔民扛着工具，拎着竹篓沿着海边前行，那弧形的队伍，疏密有间，渐行渐远，好一幅滨海渔乡的美景！我看不出人为搬动的痕迹，摇摇头说看不出。简老又问：'你看看有什么一样的人么？'我不解其意，浏览一遍还是没有发现什么。简老笑指着画面说：'你看，这些渔民是复制后再补上去的。'他解释道：渔民太少，补上去后，效果就好多了。我恍然大悟，重新审视，那断断续续延长了的队伍，不仅有助于升华画面的主题，还强化了整个构图的韵律，使画面焕然一新。"简老喜欢听取大家的意见、征求照片的题名和题诗等，还把他的创作分赠友人（图 89）；创作回来，他心有所悟，就又去霞浦拍摄了。郑德雄说："中国摄影界前辈简庆福老先生虽已年过九旬，却在两年内 13 次来到霞浦拍摄创作。"通过摄影家们的努力，不仅两岸四地有大批身穿马甲、肩背"长枪短炮"的摄影爱好者们前往摄影创作，连美国、加拿大的摄影家们也不远万里来到霞浦摄影、采风，美国摄影学会还于 2010 年在霞浦建立了在中国的第一个创作基地。霞浦已被誉为"中国最美丽的滩涂"。摄影带动了这个

分享他心中的美景（图 89）

闽东小县城的旅游业，现在每年吸引了数十万摄影"发烧友"前来创作、采风，为霞浦县创造了巨大的旅游产值，新增了数千个就业机会。

十、东川红土高原

简庆福对云南很熟悉，早在 20 世纪 80 年代初，就到过春城昆明，拍摄过花卉，看到过"五百里滇池，奔来眼底"的滇池风光，也想拍些"莫辜负四周香稻，万顷晴沙，九夏芙蓉，三春杨柳"的作品，但总感到不及在杭州西湖边拍的那幅《杨柳岸晓风残月》满意。所以在 2008 年，他和影友们来到云南后，就直奔具有红土高原特色的东川地区，他在这一带寻寻觅觅，找寻合适的景点，当他来到落霞沟时，不禁为红土地的壮丽景色所陶醉，他不顾老迈，奋力爬到半山，拍下了这幅能代表云南山川典型特征和红土高原自然地貌的《江山如画》(图 90)。这幅作品展示的红土地的线条和色彩之美，把红土地的地貌特征和嶙峋的山石结构和纹理，透过摄影的视觉语言，折射出红土地的沧桑和深厚的农耕文明的历史内涵。简老很喜欢这幅作品，回香

《江山如画》（图90）

港后，把它印制在油画布上，制成长达 12 米的超巨幅作品，送给东川。此后，他又将《江山如画》印在丝绢上送上了"神舟九号"太空舱，引起了广大旅游爱好者的关注。前年金秋，东川举办摄影月，简庆福率香港 30 位摄影家再次来到东川，这次活动还吸引了全国各地和新加坡、泰国、加拿大等地 1000 多位摄影家的关注，他们纷纷走进东川捕捉红土地的美景，东川也因之闻名遐迩，带动了当地的旅游业，成为云南文化旅游业的一张名片。

十一、武夷奇秀甲东南

武夷山位于福建和江西两省交界处，素有"碧水丹山"、"奇秀甲东南"之美誉，其中，天游峰更有"天下第一险峰"之称，自古以来，就是羽流禅家栖息之处，留下不少宫观、道院和庵堂故址。简庆福早在 20 世纪八、九十年代，就曾多次前去采风，但未拍到得意之作，一直耿耿于怀。2013 年夏天，刚泰集团的徐建刚总裁邀请他再次前往创作，并请摄影家唐震安和傅强陪同，简老闻讯后立即从香港赶来，当时正值雷雨多发期，大家认为等

简老在武夷山顶（图 91）

简庆福与傅强（图 92）

雨过天晴后，乘飞机前往比较安全，但简老执意要冒雨前往，他说："只有下雨时前往，等雨过乍晴，晨曦初露、薄雾升腾时，才能拍到好景色，我一把年纪了，还怕什么？"他们一行当晚就乘飞机赶到武夷山，次日清晨冒雨攀登天游峰，山高路滑，不少年轻驴友爬到半山就气喘吁吁，停步不前了。当他们看到 93 岁高龄的简老还在奋力登顶，就齐声呐喊，向简老鼓掌致敬，紧跟着简老的步伐，攀登峰巅（图 91）。大家呼吸着清新湿润的空气，眺望着变幻莫测的云海，不禁神清气爽，心旷神怡，宛如置身于蓬莱仙境，遨游于玉宇琼阁，简老赶紧抓拍了不少风景，接着他们又去了大王峰脚下的武夷宫，登上大王峰、萃景台，又拍了不少照片。回途中大雨如注，简老从车窗中观赏着窗外急速逝去的农田、村落和植被，他看到玉女峰上悠悠白云、云雾缥缈，大有"行到水穷处，坐看云起时"的意境，执意要下车抢拍，傅强怕简老遭雨淋，没敢停车，第二天再去原地拍摄时，已不见云雾，被简老再三责怪，说："有时机会是转瞬即逝、可遇而不可求，不要说下雨，就是下冰雹都应下车去拍！我们要善于捕捉大自然稍纵即逝的美景。"现在刚泰集团已决定在武夷山景点的核心地段，投资数百亿元，开发当地的旅游资源，

《梵高遗韵》（图 93）

《雁南飞》（图 94）

而陪简老同行的傅强，也已成为简老晚年的得意门生和忘年交 (图 92)。

十二、苏北故地重游

简庆福先生在抗战期间，经常在苏北农村收购鸭、鹅羽绒和猪鬃、肠衣等土畜产品，对当地很有感情，但苏北平原缺乏名山大川，可拍的山川风景不多。20 世纪 90 年代，他故地重游回到了苏北，在黄海边上的大丰采风，当地的滩涂上长满了芦苇，野生的鹤群出没其间，飞翔起舞，姿态十分迷人。傍晚时分，落日的余晖把天空和芦花染得金黄，鹤群披着晚霞翩翩起舞，那种明亮的色彩和充满活力的美丽境界，燃起了简老内心的激情，激发了他对大自然无比的热爱，他有种强烈的要将之表现出来的欲望，他兴之所至将此情此景拍成了一幅《梵高遗韵》(图 93)，这幅杰作虽和梵高最后的遗作《麦田上的乌鸦》有异曲同工之妙，但在色彩的运用上、在气势和节奏感等方面，更多了一分对生命的礼赞，当然，这主要与简老和梵高在创作时的心态不同有关。

简老对苏北广袤的海滨湿地中前来越冬的丹顶鹤很入迷。本世纪初他多次和友人前往拍摄，当时那里的环境还很艰苦，天寒地冻地一头扎进芦苇丛，去寻找鹤群，又怕惊动了这些"小精灵"，只能在芦苇滩中挖几个"单人掩体"，铺上芦苇，蜷伏着身体，等待着鹤群或鸿雁的出现，等到黎明鹤群终于来了，就抓紧时间抢拍，但不一定能拍到满意的作品，真是"有心栽花花不成"，有时等到傍晚却出现了"无意插柳柳成荫"的场景，在落日的映照下，一部分鸿雁起飞了，还有一些游弋在芦苇荡中，画面中暮色苍茫，海天一色，大雁又开始了继续南下的征程，匆匆地赶向回家的路程，一张《雁南飞》(图 94)，拍出了雁群背井离乡，漂泊天涯的悲凉意境。笔者行笔至此，不禁想起李文君告诉我的：2007 年他再次陪简老去盐城大丰拍丹顶鹤，"凌晨 3、4 点钟，同行的年轻人都在呼呼大睡，简老已起床，热好牛奶、备好面包，把大家叫醒，到了现场，丹顶鹤不好拍，也要候着，一猫就是一上午，我都感到受不了，打退堂鼓，他老人家依旧乐呵呵的，乐此不疲，真不知道哪来的好精力！"

现在大丰建立了全球面积最大、占地四万余亩的麋鹿自然保护区，1986

《麋鹿自然保护区》（图 95）

《鹏程万里》（图 96）

年从英国回归故土的 39 只麋鹿 (又称 "四不像") 和野生的鸟类一起，自由自在地繁衍在大自然中，目前已经发展到 2000 多只，成为全球最大的野生麋鹿种群，引起了简老极大的创作热情，他不按常规拍摄特写的麋鹿主题，而是反其道而行之，利用早晚阳光光位较低，色温低形成的暖色效果，用大片金黄色的狼尾草作前景，把几只麋鹿放在远方，用这种逆反手法来突出保护区的广袤和麋鹿生活的自在，这幅《麋鹿自然保护区》(图 95) 为保护区吸引着摄影爱好者和大批游客，现在大丰已经成为著名的摄影旅游胜地，摄影条件也大为改善，不必像简老当年摄影时那样要受冻挨饿了。

十三、到处追摄候鸟

简老从 20 世纪 40 年代开始就喜欢拍摄候鸟，他对候鸟南来北飞的季节了若指掌，为了把鄱阳湖湿地的候鸟拍好，他先后几十次去江西，风雨无阻，冒着凛冽的寒风，站在刺骨的湖水中，披星戴月地忘我拍摄，据当地的摄影家宫正说："简老曾在一个月里前后来回七趟。"大家看到白发苍苍的老人这样执着和投入地忘我创作，无不为之动容。2000 年简老在鄱阳湖拍摄了《天高任鸟飞》，拍出了天高云淡，狂风呼啸、飞鸟搏击风云的斗士精神；2001 年又拍摄了《鹏程万里》(图 96)，他高瞻远瞩，运用大广角镜头仰拍，在万里无云的蓝天下，鹤群排列有序，展翅高飞，拍出了一种勇往直前、鹏程万里的英雄气概！简老说：湿地是地球上最具繁殖力的生态系统，也是受到威胁最大的生态系统，当他看到很多游客都来观察候鸟，打扰鸟群，而管理机构设备简陋时，每次都会带些望远镜等送给鄱阳湖自然保护区，让游客们远远观望鸟群，不要去影响鸟群的正常生活；有些影友前来拍摄而囊中羞涩时，他会为他们支付来回旅费和食宿费用，还表示：湿地需要我做些什么，我会尽力去做。展示了一位老艺术家的高风亮节。

黑龙江齐齐哈尔的扎龙湿地风景区，是拍摄丹顶鹤的绝佳场地之一，全世界现有丹顶鹤 2000 多只，其中在扎龙湿地繁育的就有 400 多只，占全球总数的 1/5。简老十分喜欢这种祥瑞、忠贞、长寿的丹顶鹤，他每年冬季都要去日本北海道拍摄；现在发现扎龙湿地有丹顶鹤群出现，当然更兴奋了。2003 年他和一批影友来到了扎龙自然保护区，2004 年他再次来到扎龙，但

《鹤乡》（图 97）

《沐浴阳光》（图 98）

要拍摄好这丹顶鹤的故乡，展示它的生态环境并不容易，拍摄的画面往往顾此失彼，很难把野地里的丹顶鹤和在天空中飞翔的鹤群结合在同一个画面里，只能求助于电脑软件的后期处理，《鹤乡》(图 97) 充分展示了自然保护区中丹顶鹤在大自然中自由生活和飞翔的生态环境。2006 年他鼓动连登良和黄贵权一起再去扎龙拍鹤，简老拍了张《沐浴阳光》(图 98)，把阳光下翩翩起舞的丹顶鹤那种"低头乍恐丹砂落，晒翅常疑白雪消"的诗情画意，充分展示出来；连、黄两位大师各自拍到了满意的作品，可惜那里条件过于简陋，冒着零下 30 度的严寒搞创作毕竟不易。为此，简、连、黄三老联合出资帮助当地建立一座招待所，以便影友们来此创作。

十四、钟情南京梅花

简老常说："'业精于勤'，拍摄一个题材，不能浅尝辄止，只有锲而不舍，才能出精品。有的题材，只有不断地拍摄、不断地思考突破和改进拍摄

简老拍梅花（图 99）

《寒梅疏影》（图 100）

《报春第一声》（图 101）

的方法，才能精益求精。就拿南京的梅花来说，我从 1938 年开始拍起，至今少说也有 70 多年了，但一有机会我还会继续去拍。"简老欣赏梅花不畏严寒的风格，视梅花为知己、"一生低首拜梅花"，他爱梅花、拍梅花，但梅花的花朵细小而零散，枝条曲折，显得杂乱无章，很难构图，要拍出展示梅花高尚品格和精神内涵的理想作品很不容易，这成了他心里一直解不开的结。因此一有机会，他就要去拍，去寻找新的表现手法 (图 99)，直到 1997 年，才在南京拍成了《寒梅疏影》(图 100)。他采用 F1.2 的大光圈镜头拍摄，突出梅花主题，控制景深，形成虚实有致的构图，用夸张的黑色突出树干曲折有力的姿态，酣畅淋漓地表现出梅花在凛冽的寒风中，纵情绽放的旺盛生命力。2004 年，简老在南京拍摄了《报春第一声》(图 101)，苍老漆黑的树干，衬托出繁花似锦的白色梅花，背景用电脑软件处理成向四周放射的淡淡的蓝、红、绿三色，用新颖的造型艺术语言，刻画了梅花"俏也不争春、只把春来报"的高洁品格。2010 年早春，简老和陈复礼、黄贵权等大师一起，参加南京国际梅花节，并主持"中山杯国际梅花摄影节大赛"。来自国际、国内的摄影家，云集南京东郊梅花山争拍梅花，当时正值雨后初霁，连日的雨水把树干都洗成墨黑色，绽放的梅花带来阵阵幽香，简老乘兴又拍摄了几幅得意之作；而那"遥知不是雪，为有暗香来"的梅花，也成了南京旅游业中的又一个闪光点。2014 年初，上海中华艺术宫举办简老摄影作品展，因年底在香港刚做过 30 多次理疗，体重减轻了 5 公斤，但简老仍抱病前来上海办理作品捐赠仪式。南京的好友屠国啸闻讯赶来，谈起梅花山的早梅已经含苞欲放，简老当晚就要随他一起去南京拍梅花，经朋友们力劝才作罢。

十五、包飞机去贵州

简老为了追求美景，走遍了世界各地。2009 年春，他和上海摄影家协会任洪良副主席等，一起带了 260 位上海摄影家，包了两架飞机飞赴贵州采风 (图 102)。在这次"星光杯·多采贵州采风行"中，简老担任艺术总顾问，年近 90 高寿的简老自始至终和大家一起爬山登高，拍摄采风，给了大家极大的鼓舞。

有人问简老："您去了那么多地方，最喜欢什么地方？"简老说："我

包机去贵州采风（图102）

差不多世界各地都跑了，亚洲、非洲、欧洲、美洲、澳洲，连南极、北极都去过；有的地方，像日本，甚至去过上百次。虽然各有特点，但最美的还是中国的景致，它有中国的味道、国画的味道，也有西洋画的味道。有高山大川，各地都有各自的景致，所以，中国是最好的摄影创作的地方，不一定非要去外国。"他还说："中国的摄影艺术社团最早成立的是1926年北京的'光社'和1928年在上海成立的'华社'和'美社'。而全国性的'中国摄影学会'到1956年底才成立，到1981年改名为'中国摄影家协会'。香港摄影学会成立于1937年。中国摄影家协会，虽然成立较迟，但进步很快，全世界那么多国家，现在摄影人最多的还是中国。当然经济的高速发展是个必要的推动力。现在中国是全球最大的摄影大国，很快就会发展成为世界水平的摄影创作强国。"

第八章 摄影艺术的独特建树

简庆福与杨恩璞（图 103）

华光摄影艺术学院名誉院长、北京电影学院杨恩璞教授是简老的忘年交（图 103），从 20 世纪 80 年代开始至今，他一直在对简庆福摄影艺术进行深入地研究。他把简老从影 70 余年的艺术生涯，精辟地分为三个时期，即两次创作高峰期和一次大胆探索期。

20 世纪 50 年代前后的黑白摄影，是简老的第一个创作高峰期，这一时期他聚焦于香港、澳门底层社会和自然景观，探索光影语言的表现魅力；20 世纪 80 年代后的彩色摄影，则是简老的第二个创作高峰期，这一时期他把镜头转向改革开放后的祖国热土，以新颖的色调构成抒发自己对新时代的感受；三是 21 世纪后，尝试摄影和电脑结合探索创意摄影的新路，则是他的大胆探索期。

众所周知，从摄影器材以及技术发展上说，所有的摄影人都经历了黑白、彩色和数码三个时期。但每一位摄影家面对发展变化的技术，所采取的艺术态度是不尽相同的。笔者在研读了杨教授对简老摄影艺术的论述后，遵循杨教授的思路，将简老的整个摄影岁月也划分为黑白、彩色和数码三个时期，事实上这也涵盖了整个摄影艺术的发展历史。把简老的艺术探索创新、美学思想，同这三个时期结合起来讨论，或许能让广大影友对简老的认识更加直观，能够回答由于摄影技术的发展，在摄影概念创作认识上发生的诸多问题。

一、黑白摄影时期

简庆福先生早在 1938 年就在蔡俊三处开始迷上摄影，接触到的还是玻璃底片，以后他买了德国产的新式相机，才改用胶卷，当时无一例外，大家都用黑白胶卷摄影。

在 20 世纪 20-30 年代，我国摄影界的先驱刘半农先生提出：摄影可以分为"写真"与"写意"两大类，"写意"就是摄影家借着照相机表现所摄景物的"意境"，他把中国古典文艺理论中评价艺术的重要尺度之一的"意境"，引入摄影创作和艺术欣赏，使摄影从单纯的摹写时代，进入到艺术创造的时代。而他自己的摄影创作，也受到传统绘画的影响，他和郎静山等人倡导了"画意摄影"；但很多摄影家还是以摄影的本体属性，从事"纪实摄影"。简庆福先生从 1942 年进入上海美专和充仁画室学画以后，在刘海粟、张充仁、刘旭沧等大师的影响下，开始用画家的视角从事摄影艺术，把"画意摄影"和"纪实摄影"融合在一起，实现了摄影艺术创作中"写意"和"写真"的有机统一，提高了纪实摄影的艺术品位。

20 世纪 40 年代，简庆福先生把镜头聚焦于南京、澳门和香港的底层社会，热衷于描绘劳动着的市井小民，以无比的力度，传达出他充满人道主义的社会关怀，为我们留下了众多珍贵的历史痕迹和不可再得的图像文献，堪称黑白摄影的经典之作。他于 1942 年，在南京汤山拍摄的《向前进》，把我们带到日伪沦陷时期，农民们迈着沉重的步伐奋力爬坡、辛勤劳作、挣扎求生。1946 年他在澳门和香港采风拍摄的《沧桑》《出发》(图 104)《研读》《等待》(图 105)《闲阅》《绕道》《婆孙》(图 106)《人力车》(图 107)《半日闲》(图 108)《无人问津》(图 109)《同是少儿郎》(图 110)《街头巷尾》《缝缝补补》(图 111)《街头理发档》《岁月不饶人》(图 112) 等大量纪实摄影，又把我们带到了二战结束后，港澳地区满目疮痍、百废待兴，触目惊心的历史场景，展示了港澳地区的人间百态，如辛勤下海的渔民、破旧衰落的陋巷、奔走求生的人力车夫、缝缝补补的家庭主妇、街头巷尾的理发摊档和徐娘半老的爱美

《出发》（图 104）

《等待》（图 105）

《婆孙》（图 106）

《人力车》（图 107）

《半日闲》（图 108）

《无人问津》（图 109）

《同是少儿郎》（图110）

《缝缝补补》（图111）

《岁月不饶人》（图 112）

《街童》（图 113）

《世途》（图 114）

《两修女》（图 115）

妇女等富有地域特色的纪实作品。1948 年，他移居香港初期，在经商之余，拍摄的《农家乐》《街童》(图 113)《世途》(图 114) 等作品，又把我们带向了牵牛去春耕的农民、海上捕鱼的帆船、街旁阅读的儿童、奋力登坡的老妇，这些作品既揭示出百姓贫困的生活际遇，也反映了他们辛勤劳作和对未来生活的希冀，观者似可以穿越时空，形象地看到当年港、澳地区的历史真相和民众的心态。简庆福先生认为："这些照片记录了当时一段不可复制的历史，可以唤醒人们逐渐淡忘的一些记忆，对于没有经历过的后辈，通过这些影像资料，可以让他们知道祖父辈在过去几十年来的经历，看透外表的浮华与繁荣，能更加珍惜来之不易的当今生活，认清自己未来该走的路。"

简庆福先生在 20 世纪 40 年代末的创作活动，引起了香港摄影学会的注意，很快被吸纳为该会的高级会员。香港摄影学会成立于 1937 年，由洋人主导，他们每年都要举办一次国际沙龙影展，简庆福先生积极参加这种国际性的摄影大赛。到 20 世纪 50 年代，他的摄影艺术创作达到了炉火纯青的地步，他拍摄了一批脍炙人口的传世佳作，如《奔在自由之路》《黄山云》《渔光曲》《水波的旋律》《海恋》《陷阱》《影的陈列》《两修女》(图 115)《瞻礼》(图 116)《日出而作》(图 117) 等，这些作品使他在香港摄影学会举办的国际沙龙摄影大赛中，成为首次披银夺金的华人摄影家，而且连续四次夺冠，成为能够"四连冠"的第一人。此后他虽然不再参加比赛，仅担任国际大赛的评委，但依旧热衷于创作，而且佳作不断。

简庆福先生之所以在 20 世纪 50 年代就能脱颖而出、技压群芳，除了他的天赋悟性与勤奋外，还得益于他的学画经历。他青年时代在蔡俊三那里爱上了摄影、中国字画和诗词；在张充仁那里打下坚实的素描写实基础，又在刘海粟那里受到印象派艺术的薰陶。刘校长被称为"中国的莫奈"，像莫奈那样特别忠实于个人的视觉感受，强调以自己的视觉感受来"观察自然"、"表现自然"。简庆福先生认真学习莫奈的艺术手法，在用光用色方面大胆体现自我意识，他反复拍摄在不同季节、不同时段、不同气象、不同光线下，被摄景物的变化，对同一题材进行长期的跟踪、拍摄和探讨，这样的系列化的连续拍摄，本身就具有强烈的实验性，通过不断的记录、分析和对比，他寻找最佳的取景角度、等待和捕捉稍纵即逝、瞬间变化的

《瞻礼》（图 116）

《日出而作》（图 117）

光影，使他的摄影更具广度和深度。正如他自己所说："拍摄一个题材，不能浅尝辄止，只有锲而不舍才能出精品。有的题材，我一有机会就反复拍，如梅花从 30 年代末起，至今少说也拍了 70 来年。我不大相信摄影可以靠巧遇获得成功，只有多次深入生活、不断思考突破和改进，精益求精，才能得到好的作品。"就如他在 1953 年拍摄的《水波的旋律》，当时很多影友一起在沙田和大埔间的吐露港采风，简庆福先生对当地的景物环境早就胸有成竹，他在山坡上选好逆光的视角朝向海面，把远山、近海、点点船影构成一幅错落有致、场面恢弘的画面；当一阵微风掠过，海面波起，在逆光下波光粼粼，形成明暗交错、动静结合、疏密相间、极富节奏感的影调。他眼疾手快按下了快门，把个人视觉中对光、影和构图的深刻感悟抓拍下来，充分展示了他黑白摄影表现光影的巨大魅力。又如 1951 年，他和一批香港影友在黄山采风时拍摄的《黄山云》，就借鉴中国传统水墨画的表现题材和创作手法，使作品中充满了诗情画意和中国画传统美学的韵味。这些照片使简庆福在以唯美为价值取向的香港国际沙龙影展中四次夺魁，打破了洋人独霸影坛的局面，成为他登上"世界摄影十杰"的奠基石。

20 世纪 50 年代是简庆福黑白摄影的黄金时期，他把自己对美学的理念和认识，充分地体现在他的摄影创作中。1959 年后，他在转向彩色摄影的同时，依旧热衷于黑白摄影。他在 2010 年出版的简庆福黑白摄影选辑——《光影乐晚晴》"自序"中说："彩色摄影的发明理应增多了摄影家表现手段，可藉以用来抒情表意。但在实际创作中，有时用色分寸不当，常常适得其反，会使人忽视或冲淡了用光、影调或质感等的表现，造成舍本求末的恶果，只顾颜色而丢掉了最基本的摄影造型元素。最近我重温、对照自己的黑白影像和某些色彩不当的照片，深深体验到彩色形态往往是客观物体的表象，而黑白表现就是对客观世界的提炼和抽象，似乎更深刻接近生活真谛，更有摄影特有的韵味。""黑白摄影比彩色摄影更接近历史，更揭示客观真实，这是个很值得研究的美学现象。从中我体会到摄影艺术的真实并不等于外表酷似客观形态，而是要从整体形式感上把读者、观众带进特定的历史境遇和生活氛围，黑白 (或某种单色) 造型经常能唤起人生的某些记忆、触动人们内心的某种情结。""当然，摄影已经进入彩色和数码化时代，历史不能倒退，我们不能只玩黑白摄影。""但由于我对黑白摄影情有独钟，即使在当下盛

《归牧》（图 118）

行彩色摄影的时代，遇到特殊需要的题材，我有时仍情不自禁地制作一些黑白作品。"如拍摄于 2009 年的《归牧》(图 118)，"那漫山的雪景、峻峭的山岩和蜿蜒的马群，本身只有黑白灰简约的层次，如用彩色表现只能破坏原始景物的肃穆和寂静，通过黑白摄影，使作品更有冬日严酷的意境。"所以，直到现在他依然没有喜新厌旧，在拍彩色照片的同时，也拍黑白照片。简庆福先生说："想通过这些黑白照片表达自己对摄影本体的美学认识。""呼吁影友同仁，在进行彩色、数码摄影时，不要忽视黑白摄影时代积累的经验，尤其是那些能凸显摄影本体特色的经验。"

二、彩色摄影时期

简庆福先生原来是学西画的，对原生态大千世界中呈现的五彩缤纷的色彩，十分敏感。他钟情于长期从事的黑白摄影，但黑白灰三色并不能完全表达自然界的多采多姿。所以早在 1955 年，他就拍摄和创造了香港第一张"彩色"照片《番茄》(图 119)，他用黑白胶卷拍摄的底片，在暗房洗印中增加

《番茄》（图 119）

了三道工序，先漂白，随后"过棕"，再加温"过蓝"，把照片染成了红黑两色，增强了番茄的质感，就像一张彩色照片，这一创新的"彩色"照片，引起了轰动，被香港摄影学会评为当年最佳作品，可见人们是多么渴望能看到真正表现自然界色彩的彩色照片。

　　20 世纪 50 年代发明的彩色胶卷，为摄影家提供了新的表现手段。简庆福被彩色摄影的新技术吸引，他试用了各种品牌的彩色胶卷，比较卜来，他认为美国柯达公司的效果最好。他在香港得风气之先，率先拍摄了大量彩色照片。1959 年，在柯达公司的赞助下，他和刘怀广、张汝钊、杨永庥联合举办了香港摄影史上首次彩色摄影展览会，开创了彩色摄影的新时代。从此时开始，他也逐步由黑白转向彩色胶卷，这一新兴的摄影领域。他反复摸索彩色摄影的新观念、钻研彩色摄影的新技艺。1962 年他再次和刘怀广、张汝钊在香港举办"日本风光"彩色摄影展。1965 年他又和胡雄德、陈仕森、刘怀广、张汝钊在香港大会堂举办了摄影联展，展出作品既有彩色也有黑白。

此后，他就如国际著名的经济学家、摄影家张五常教授在 1988 年所写的"息'摄'达十年之久"，直到 1979 年，才重新开始办展。笔者曾请教过简老，为什么会有"息'摄'达十年"之举？简老道："这段时间，我一方面在摸索彩色胶卷的暗房操作技术，这既花钱又花精力，连暗房中用水的温度都有要求。同时又值国内十年'文化大革命'，一切都乱套了，我也有国难回，心情不好，只能周游世界各地拍些风光片。何况彩色摄影才风行，无论在理论和实践中还有很多地方需要摸索和探讨，还要有所创新，我这段时间正在做准备，'十年磨一剑'呀！"果然，"文革"刚结束，简老立即回国举办大型的香港摄影家简庆福摄影作品展，展出以彩色摄影为主的大幅照片 102 幅，历时近两年，在广州、上海和北京巡回展出，轰动一时，好评如潮，在很大程度上影响了国内摄影艺术创作的走向。

彩色摄影把简庆福带到了第二个创作高峰期。他在黑白摄影期间，从前期印象派画家莫奈的强调视觉的主观印象、捕捉光影的瞬间变化系列连作中得到启发；发展到彩色摄影时期，他更关注后期印象派画家梵高，强调表达画家的主观感受，在色彩表现上更丰富、更随心所欲，在他的摄影画面中往往并不着重摹写景物的原貌，而常用夸张的色彩，扭曲的造型来抒发自己的感受。他深信"现代艺术之父"塞尚的话："色彩丰富到一定程度，形也就成了；努力到一定程度，大家也就成了。"他不断地学习，从西洋画的发展中汲取营养，也从中国画中拓展自己的想像空间。他说："今天，我们讲汲取美术、绘画的营养，不是走模仿的道路，而是从造型艺术的内在规律中借鉴适合摄影的东西……。我比较喜欢西欧印象派画家。我从马蒂斯那里学习动感的节律，从而处理好被摄物体的瞬间姿态变化和画面影调的变奏；从梵高那里我又看到色彩、笔触和情绪表达的关系，这也就启发我在摄影色彩、影调处理时，摆脱平庸和冷漠。从莫奈和雷诺阿（Piere Auguste Renoir，1841—1919）的色彩中明白了画家的主观感受，融会贯通到我的摄影创作时，我懂得用光用色要大胆体现自我意识。"简老这段话，其实是对个人摄影风格的的一种阐述，纵观他的作品，无论是前期的纪实性摄影，还是后期精心处理的画意作品中许多色彩夸张、对比强烈，有着强烈的主观表现力，而效果又如此和谐的作品，无不透露出这种风格。

简庆福先生虽说是学西洋画的，但和他的老师们一样，喜欢中国字画

简庆福、陈复礼和黄贵权（图 120）

和唐诗宋词，并从中汲取营养和创作的灵感。他记得潘天寿把中国画和西洋油画比作两座高峰，这两个站在高峰上的人，彼此敬重；这两个画种，互相欣赏。而他想把中西融合的画风，反映到自己的摄影创作中。他常说："拍摄风光照片，最重要的是捕捉景色的气场和神韵，体现自己的感悟。"他还说："照片要拍得像画那样充满诗情画意才行，如果画画得像幅照片就一定不是幅好画。"简庆福先生通过孜孜不倦的学习和反复实践，把中西方文化中固有的精华都吸纳成为自身艺术创作的源泉，他将西方绘画和中国传统艺术中的一些观念有机融合，创造出一种个性强烈、色彩绚丽而意境深远的艺术风格，使自己的彩色摄影创作既融合中西艺术的精髓，又将传统和现代、具象和抽象化而为一，创造出一种具有自己特色、个性鲜明、色调明朗、色彩和谐、充满东方神韵的中国气派作品。

国画大师潘天寿说得好，艺术就是创造与人'不同'。有人曾对当代香港三位极具影响的摄影大师简庆福、陈复礼和黄贵权 (图 120) 的作品作过比较："如果说，陈复礼的作品'画中有诗'含蓄隽永，像唐朝诗人王维；黄贵权应该是摄影界的张大千，他不拘泥于物象摹写，充分发挥摄影器具

的潜力 (不使用电脑)，来简约、抽象、虚化和扭曲被摄体，追求'出神入化'的意境；那末简庆福作品具有'大江东去'、'惊涛拍岸'的气派，像宋朝苏轼词赋那样，讲究作品的整体气势、意境和魂魄。"美籍学者张五常在 26 年前曾撰文指出："'摄龄'比简庆福高的摄影家不多，而从耐力及苦心方面看，更无出其右。""苦心和耐心的重要，最明显莫如大场面的风景了。这种作品通常海阔天空，气象万千，稍有不理想的物体参进画面，笔者无从搬开、安置，而要在黑房中刻意修改，也往往无技可施。换言之，绝佳的大场面风景作品，可遇不可求，若作者不愿意苦心地找、耐心地等，那么，他就应该向其他题材打主意。"他认为简庆福的"大场面风景举世无匹"，"记得十多年前，我在美国参观了 Ansel Adams 的平生作品展览。这位已故的摄影作品市价最高的大名家，是以'大场面风景'著称的。然而，在那 400 多帧作品的展览中，我只能选出 6、7 帧算是罕见的珍品。""长久以来，在大场面风景的摄影上，能与简氏相提并论者，只有美国的 Adams 一人而已。"而笔者翻阅在 2010 年出版的《简庆福摄影艺术》中检出的"大场面风景"珍品竟有 38 帧之多，如他在早期拍摄的《光明在望》(图 121)《仙境》《山高路险》等，以及稍后拍摄的《世外》(图 122)《晨牧》(图 123)《丝绸之路》(图 124)《贩运骆驼》《水天一色》（ 图 125 ）《劳动归来》（ 图 126 ）《山从云里隐》（ 图 127 ）等，均是摄自世界各地的作品；而 Ansel Adams 的作品主要摄自美国黄石公园。张五常教授认为："简庆福的风景作品是苦功的成果，但我认为同样重要的是笔者的胸襟。这个人有君子之量，所以风景摄来气派俨然。简氏既不喜欢在角度上取巧，也不喜欢将物体夸大。四平八稳、不偏不倚的角度，无论摄取实物、水光、云影、山色、晨雾、空白都适可而止，是简氏作品的特色。这类作品的困难程度，说来话长，但我们欣赏时，只觉得它们看来舒畅，越看越觉得自然。""简氏的后期作品，有很多关乎人物的。想不到，以'风景'成名的简庆福，对'人物'竟有那样深刻的描述。""人物摄影要有故事可说。在高手的处理下，一个平淡的画面，一些普通的人，表情不用夸大、不用渲染，却可以说出很多的话。简庆福不仅能做到这一点，而且他的后期人物作品，有力地表达着人的内心深处。这些人物中不少是中国人，但我们却看不到丑陋的一面。有悲哀、有愚妄、有渴望、有欢欣、有爱，但丑陋却是没有的，这是对人的赞颂了。""很显然，简氏是一个热爱生命

《光明在望》（图 121）

《世外》（图 122）

《晨牧》（图 123）

《丝绸之路》（图 124）

《水天一色》（图 125）

《劳动归来》（图 126）

《山从云里隐》（图 127）

《沧桑》（图 128）

的人，年纪大了，对人对事多了认识，他就藉着人物来诉说自己心中的无限事。"如 2004 年，他在贵州山区拍摄的《沧桑》(图 128)，画面中饱经风霜的苗族老者，满面皱纹、长髯苍苍、但目光矍铄，显出顽强的生命力。简老在这幅作品中以无比的力度和强度，传达了他充满人道主义的社会关爱。杨恩璞教授也曾精辟地写道："简老一生追求中国情调的画意摄影艺术，所以他的作品为广大中国老百姓喜闻乐见。记得在 20 世纪 70 年代后期，中国文坛还留有'文革'余毒，过分强调艺术为政治服务的社会功能，谈美色变，所以许多图片变成干巴巴的宣传说教。是陈复礼、简庆福等人的摄影作品带来一股清风，开阔了我们的艺术视野，启示内地摄影人以东方神韵、中国气派赶超世界摄影水平。"著名的影评家骆飞认为："静观简老的作品……是摄影家寄情天地、包容万物、求美向善、宁静致远的人格力量的外化和升华。简庆福在摄影创作中显现出来的精神乃至风格，既不同于郎静山以集锦摄影为旗帜的东方美学，张扬、吴印咸以纪实摄影为主导的现实主义追求，也不同于陈复礼以画意摄影为标识的中国文化开拓。简庆福将自然之美、宇宙的精神、人格的力量合而为一，形成了以大场面风景摄影为前锋的人格规范。他们从在各自出发点上，向着各自的目标努力，为中国摄影乃至世界华人摄影构建了四柱顶梁的宏大格局。"

三、数码摄影时期

简庆福先生早在 20 世纪 50 年代，他的黑白摄影艺术就已出类拔萃、功成名就而驰誉全球了；到了 80 年代，他的彩色摄影又因其中国情调、气势恢宏的画意摄影而再次震撼影坛。但他不自满，还在潜心学习，不停地探索，坚持大胆创新。

1988 年，美国加州硅谷一家 Adobe 公司发明了一款名为 Photoshop 的软件，突然间摄影变成可以任意修改和无限摆布的创作形式，不再是光线扫过敏感的胶卷留下的写实记录。数码技术已经改变了传统的摄影理念，Photoshop 软件在其不断升级的进程中，为摄影界带来了便捷的图像处理新方式。面对这强烈的冲击，摄影家们议论纷纷，很多人认为："摄影的本体美学特性是纪实"，鼓吹"记录性唯上"，把纪实摄影和画意摄影对立起来，认为利用 Photoshop 等数码电脑技术作伪不可取，拒绝采用。香港《摄影杂志》主编伍振荣先生更在其博客上用事实和数据呼吁新闻摄影界"禁用 Photoshop"。对此，简庆福却有自己的看法，他认为："早在 20 世纪 20 年代初，张充仁老师就在土山湾照相制版部用爱尔兰传教士安敬斋传授他的技术修改底片，而我也传承了这种修改技艺；1934 年摄影名家郎静山创造的'集锦摄影'，就用暗房操作把两张不同的照片，各取其美好的一部分，修改、拼凑晒成一幅《春树奇峰》，入选英国摄影沙龙，这种把中国绘画风格和西方摄影技法统一的'集锦摄影'，使他名扬天下，人们惊呼'神奇'；而我在 1955 年将一张黑白胶片，通过暗房技术制作成'香港第一张彩色照片'《番茄》，即使在公布了'制伪'的方法之后，照样被评为当年香港最佳摄影作品。更何况自摄影术发明以来，每个摄影者在创作中，由于天气、机遇等各方面的原因，对被摄景物及其周围的场景等都会有许多遗憾或不满。面对'快门'，我们有许多的无奈和纠结，因为我们无法按照自己的意愿去摆布和支配镜头里出现的那些景物，有时面对镜头中常常有我们不喜欢被摄入但避之不及的东西；有时我们希望出现的东西，却迟迟进不了镜头，我们无法按照自己的意愿去摆布和支配镜头里的那些景物，这就是所有照相机都有的'弱点'。摄影家为了达到自己'理想中的目标'，不得不寻求其他的解决方式，其中最常用的方法是作'伪'，例如：早在 19 世纪 70 年代 William Mumler 就采用双重曝光的方式，拍摄出 Murray 和他逝去的亲人在一起的照片；20 世纪 20 年代出现的一张花丛中仙女的照片，等等；而更荒诞的是'二战'胜利后，苏联'拍'出了早已逝世的列宁和老年斯大林亲密地坐在一起的照片；无独有偶的是，'文革'中，"四人帮"出于政治需要，把'伟大领袖'毛泽东身边的'亲密战友'的头像'移花接木'换来换去。当然，这样的伪作在见证客观真实、强调纪实性的新闻摄影中是不可取的。"

简老认为："在唯美的画意摄影中，采用一些手法，能增加作品的美感，艺术作品讲的是高于自然、高于生活的艺术美，在反映客观的基础上，应该允许一定的艺术加工。例如：1985 年我在无锡拍了一张《一湖春水晓帆风》，无论在构图、气势等方面都很好，美中不足的是当时光线很暗，湖面和天空灰蒙蒙地连成一片，缺乏气氛；后来我在美国加州拍到一张拂晓的彩云，在后期放大时，将两张底片合成，赋予画面欣欣向荣的美感，但为使整幅照片

《香如故》（图 129）

更加完美，必须花时间，一次又一次地试验了上百次，才做到天衣无缝！我在广东虎门拍《香如故》(图 129)，为了表现红棉树的傲骨和初春的寒意，采用了略移机位，三次曝光的手法，才获得了别具一格的造型效果，使画面不拘泥于原形，受光处的树枝呈灰色，而背光处的树干和树叶呈现黑色的剪影，更显得苍劲有力，天空则一片雪白，犹如大写意的国画，突出了红棉树的神韵和气质，体现了陆游诗中'零落成泥碾作尘，只有香如故'的意境，表达了我对迎风傲霜的英雄树的礼赞。但这样的做法同样花时间，要不断地试验，成功与否，还不得而知，可谓'劳民伤财'。"

20 世纪 80 年代初，香港的陈复礼邀请内地的著名画家在他的摄影作品上题字补画，创造了"影画合璧"的艺术样式，引起了轰动和争议，这场因创新引起的艺术争鸣，在香港影坛称为"84 争论"。总的说，从书画界到摄影界，对陈复礼在艺术上的勇于创新和大胆尝试的精神，都十分肯定，但把摄影和绘画结合在一起的艺术探索之路还很长。如他和黄永玉合作的《春江水暖鸭先知》，在一棵老树和一池秋水中，黄永玉画上了 4 只鸭子，使整个画面动静结合，顿时显得生气盎然，达到了他所设想的意境；但有的作品却显得有些勉强，还有待改进的空间。

　　简庆福从小就富有冒险精神，他不满足于双重曝光和剪刀加胶水等常规的修改模式，紧跟科技发展的步伐，希望能在创新中独辟蹊径，能有所进步。所以，当影像数码处理一出现，他就用前瞻性的眼光，积极地参与、学习，成为香港最早在摄影艺术中运用电脑软件的人。他说："以前我们在暗房中操作，用剪裁、拼接、修改底片等手法，来使作品更接近理想状态；彩色摄影出现后，我设法将彩色照片的薄膜揭下来，裱在油画布上，使作品像油画那样质感更好，色彩更厚重；我也曾试着在彩色照片上，请画家涂上油画颜料，结果照片变成了油画。但有了 Photoshop 软件后，情况大为改观了，过去在暗房中很难做到的事，现在通过数码图像的后期处理，变得容易多了，我们可以通过后期的再创作，使画面变得更加符合摄影者内心的感受和需要。"但大多数老摄影家对此"高科技"手法望而生畏、望而却步。而年已古稀的简老却像年轻人一样，玩起了电脑，放弃传统的暗室 (Dark room)，用 Adobe 公司推出的光室 (Light room) 软件，在明亮的电脑房中进行再创作，并戏称为"弃暗投明"。他认为："艺术摄影和新闻摄影不同，可以发挥自己的想像力，利用电脑软件加工和再创作。电脑软件和传统的暗房操作一样，都是工具，它本身不会创作好照片，关键还是靠人来指挥，用人脑来指挥电脑，谁头脑里有艺术，谁就能使用电脑来提高作品的质量。"他说的意思是用 Photoshop 之类软件对影像进行后期的处理和修改时，最主要的还是创作的构思，是想法，是创作者心中的"蓝图"和作品的灵魂。正如古人所说的：境由心生，"意在象先，神行语外"，就是说心中先要有创"意"、有构思，才能有"神"。我们既要将数码手段运用自如，又不是随意而为，既要有自己精心的构思，又要满足内容的特殊需要。在造型处理上实现统一与和谐，做到天衣无缝；千万别弄巧成拙，把数码处理得太过了，太明显的"人造"景观，看起来太假了，这就会给观众造成误导，让人看了感到不舒服。简老谈到了一个他利用电脑技术比较成功的例子：1975 年，简老在美国东海岸拍了一张《山高路险》，以海滨陡峭的山峰为背景，一条蜿蜒的山路前面是一座拔地而起的礁石和一片红枫，画面空旷但缺乏内涵。1990 年他试用电脑 PS 软件，加一张飞鸟的素材组合进去，5 只仙鹤像勇士一样不畏艰险，勇往直前，展翅飞越万山千水。他借景抒情，使画面增添了生机、意趣盎然，

《山高路险》（图 130）

《雪山盟》（图 131）

有了深刻的内涵和较好的视觉效果（图 130）。

1994 年简老在美国抓拍到一张《雪山盟》（图 131），在巍峨圣洁的雪山顶上，蓝天上飘浮着一朵白云，他守候了半天，正巧有三只大雁结伴在白云前飞过，景色十分纯洁美丽。简老触景生情、想移情入景，把人间的两情相依，山盟海誓的情感倾注到照片中，就在电脑的后期制作中，轻而易举地将素材里三只大雁中的一只"第三者"剔除，使画面展示了一对情侣面对雪山，山盟海誓，天长地久、永结同心的意境。

1998 年，他在美国黄石公园国家自然保护区拍了些雪山风光照，觉得内涵还不够，归途中想到自己和夫人在人生的征途中相濡以沫、两情相依的情景，想寄情于景，就在数码图像后期处理时，加上自己的感悟，将两只相依为命的山羊填补进去，创作了《冰天雪地两相依》(图 132)，使画面动静结合，有了生活的气息，体现了他托物言志的意境。就在这一年，简老在云南中甸的山坡上拍到了一张老树开花的照片，尽管画面造型不错，但一枝孤零零的老树，总觉有些孤单冷清，就把别处拍摄的牧羊女和羊群移植过来，在人和羊群的陪衬下，老树更显高大、生机勃勃，合成了动静结合、充满生活情趣的《春牧》(图 133)。当然牧女和羊群添加的位置和大小、疏密，必须预先充分构思好，才能做到恰到好处，使画面妙趣横生。

简老传承中国美学的传统，讲究"画中有诗"，使他的作品中充满了诗情画意。1997 年他在杭州看到湖面上的晚秋残荷，在枯衰中荷梗或挺或折，线条构成的画面与倒影相映成趣，不禁想起了"剪不断、理还乱"的诗句，拍出来看，效果还不错，但近景处还不能突出荷塘的主题，于是通过电脑加进了几片残荷，而远景处长长的白堤，又增加了画面的思想内涵和纵深感，营造了李清照词中《心有千千结》的意境 (图 134)。

简老十分钟情于拍摄荷塘，从早春小荷才露尖尖角开始到荷花盛开，他拍一枝独秀的荷花，也拍安睡在水面上的荷叶，一直拍到荷塘秋色、残荷败叶，从中都能找到很好的题材，拍出表达不同意境的作品。记得老人家曾经讲起过："印象派的创始人法国画家莫奈百多年前，在巴黎郊外居处旁开挖了荷塘，广种睡莲，连续 20 多年，他画了 40 多幅《睡莲》系列作品，彻底告别了以往的自然主义摹绘，将自己的主观意愿凌驾于自然之上，在艺术史上取得了突破性的进展。我也想像莫奈一样，希望在长期追踪拍摄中，能有

《冰天雪地两相依》（图 132）

《春牧》（图 133）

《心有千千结》（图 134）

123

《浮生若梦》（图 135）

《谁于水面张青盖》（图 136）

新的突破。"1998 年，简老在日本见到一片很大的荷塘，大风把荷叶吹得都卷起来了，正面的荷叶是深绿色的，而反卷的荷叶呈淡绿色，这两种色调只有在大风大雨的散射光下，荷叶的颜色才有层次，显出缥缈的美感，简老从上午用 1/25 秒、1/10 秒的慢速拍摄，中午冲洗出来看，效果不行，还是太快，有的荷叶翻了，有的不翻。下午风雨更大，抓住时机再拍，从 1 秒开始，2 秒、3 秒、4 秒、再慢点。冲出来一看，4 秒的效果最好，虽然主体不清晰，有些模糊，但味道出来了。美中不足之处，简老用电脑完善它，增添一些粉红色朦朦胧胧的荷花在绿叶中间，产生出一种"万绿丛中数点红"《浮生若梦》(图 135) 似的梦幻感觉。相隔 10 年后的 2007 年，简老又在北京圆明园拍荷花荷叶。回香港后，用电脑软件对水面的背景进行了简约处理，淡化了略有倒影的白色空间，再亲笔题写了欧阳修的诗句："池面波来风敛敛，波间露下叶田田，谁于水面张青盖，罩却红妆唱采莲。"《谁于水面张青盖》(图 136)，就像一幅充满了诗情的工笔淡彩的中国画。体现了简老作品独具匠心与众不同的构思和巧妙完美的处理手法，展示了他借景抒情、情景交融、画中有诗的独特意境。

2004 年，简老在太湖采风，夕阳西下的湖面上静静的游弋着一群黑天鹅，场面显得十分美丽和宁静，但天鹅不会听从摄影家的指挥，简老只能静静地跟踪追拍，而天鹅不是过于密集，就是四处分散，只能回到香港后用 PS 软件，调整黑天鹅的布局和构图。在这张《温馨的家》(图 137) 中，夕阳将湖面染成一片金黄，色调由浅到深，明暗交错，黑色的天鹅、鲜红色的喙以及它们的倒影，错落有致地游弋在湖面，给人一种特别温馨宁静的感觉。当年简老还在苏北拍了张"白毛浮绿水，红掌拨清波"的鹅群彩色照，归来后突发奇想，在电脑后期处理时进行"去色"和"加大反差"，使画面黑白分明，突出了鹅群的白羽红喙，作品脱胎换骨后，成为令人耳目一新《荡漾》(图 138)，显示了简老旺盛的创新能力。

简老为人胸襟开阔，他的创作追求大气、豪迈，热衷于表现自然界的宏伟气概。2000 年他在青海牧区拍了张大场面的羊群放牧图，但感到视野还不够开阔，景色的形态还缺乏造型张力，整个画面还不够理想，就用数码技巧将两张底片通过电脑合成，将草原上牧羊的平凡场面，迭加晚霞满天的火烧云后，空间更显广袤，作品顿时大为增色，《牧归》(图 139) 展示了他宽

125

《温馨的家》（图137）

《荡漾》（图138）

《牧归》（图 139）

《天高任鸟飞》（图 140）

《惊起》（图 141）

大的胸怀和西北草原的壮美。

　　谈到后期加工，简老还说："对作品进行电脑加工不是随意的。一是内容的特殊需要；二是必须造型处理统一、和谐，不要弄巧成拙。如我在鄱阳湖拍摄飞禽时，天公不作美，无法达到'落霞与孤鹜齐飞，秋水共长天一色'的意境，只好借助于电脑，将一张拍摄'落霞'的画面和另一张'孤鹜'合成，在制作时，尽量做到两个图像在光照、透射、色调和景物比例的吻合，不留破绽（《天高任鸟飞》，图 140)，合成后的视觉效果大大超过了原来的素材，表现了王勃描写的诗情和意境。"这一年冬天，简老在美国黄石公园拍摄了一张天寒地冻、渺无人烟的照片，感到太寂寥了，心想如在湖心中添加一只鹭鸶，会更完美，又再拍了一张鹭鸶的素材。回香港后，用电脑把它们迭加在一起，感到画面还不够丰满，再调整构图增加了鹭鸶的倒影，同时在色彩、光影和构图等方面进行调整，在整体冷色调中动静结合，充满了生机，这张《惊起》(图 141)，很快被中国爱乐乐团选中，作为首张发行打进国际市场中国经典交响乐 CD 片的封面。

《壮怀激烈》（图 142）

　　2002 年，简老在日本拍了些丹顶鹤仰天高鸣的照片，想到《诗经》中"鹤鸣于九皋，声闻于天"的诗意和岳飞在《满江红》中"仰天长啸，壮怀激烈"的英雄气概。但场景抓拍到的鹤群却分布不均，画面失衡，就利用电脑技术，将鹤群略加调整，后来又在左面第二只鹤顶上移上了长喙，最后请书法家周慧珺在留白处题了"英雄"两字，使整个洁白淡雅的黑白画面中，仿佛看到了高高举起鹤顶上的耿耿丹心，听到了回荡在苍穹的英雄长啸，充满了顶天立地的英雄气概 (《壮怀激烈》图 142)。

　　简老对日本春天的樱花、秋天的红叶十分钟情，基本上每年春、秋两季都要前去拍摄，寒冬腊月还要去北海道拍雪景和丹顶鹤。2003 年春，他照例拍了很多樱花，有的画面还可以，但总感色彩平和了一点，没有把樱花的青春活力张扬出来。于是，他用电脑来调整画面的色彩关系，加深了树干，提亮了花朵，局部还增加了樱花的数量，使整个画面构图更显饱满、色彩对比更强烈、洋溢着樱花旺盛生命力的《丛林深处》(图 143)；简老还别出心裁地把这张照片印在铝塑板上，使樱花闪出了银色的光彩，画面更为醒目。

《丛林深处》（图 143）

但简老说电脑处理并不是万能的，有一年寒冬，他在北海道山沟里拍雪景，当地有家小客栈，不远处有个温泉，附近树上有个猫头鹰窝，客栈老板在温泉中养了些鱼，冰天雪地里，夜里猫头鹰就会飞到温泉捕鱼，这一自然景观，吸引了各地的摄影爱好者前来抢镜头，但都无法拍到一张理想的照片，简老不服老，在零下 20 多度的严寒下，整夜守候在那间旧车厢里抢拍，连拍了几年，即使用了电脑处理也还是不成功。所以，还要继续去拍下去，他说要拍到张好照片，得有耐心、肯下苦功，才有成功的希望。

简老认为即使在数码时代，能不用后期制作拍到自然的好照片，当然更好。这里他又举了些例子。他家住在香港太平山巅，视野十分开阔，可以俯瞰中环的高楼和维多利亚海湾的风景，所以只要合适，他就会按下快门，捕捉一年四季从早到晚的良辰美景。2005 年初春的一个傍晚，太平山下升起大雾，云海逐渐弥漫全城，摩天大楼仿佛变成了大海中的航船和孤岛。这难得一见的奇特景象，使他兴奋不已，彻夜拍摄，终于拍到了《云涌香港》(图

《云涌香港》（图 144）

《你追我赶》（图 145）

《恋》（图 146）

144) 这一千金难求的自然景观。就在这一年，他两次去肯尼亚拍摄野生动物，他采取跟踪摇镜拍摄，在照相机镜头和飞鸟保持同步移动中按下快门，拍出了飞鸟轻盈升空的清晰形象，而背景呈流动的虚象，增加了画面动感，成为作品《你追我赶》（图 145），这是一张当机立断抓拍而成的原生态纪实摄影，就不必再电脑加工了。简老还在肯尼亚拍了很多火烈鸟的照片，其中有一张《恋》（图 146），却是从审美的角度，虚化了背景，将一对热恋中的情侣聚焦到画面中央，大大增加了画面的表现张力，美化了火烈鸟的情感生活。当然，如果没有电脑的后期制作，就不可能达成这样的意境。但简老对于作品制作中的弄虚作假很反感，他认为："采用电脑进行后期加工的作品，应该详述制作过程，交待清楚为什么要这样做，以及是怎样做成的。"

张五常教授在 2001 年曾写道："那时计算机处理、修改摄影作品还没有普及。曾几何时，今非昔比，简老兄大约在五年前，就转到计算机协助那方面去。一位从事黑房生意数十年的朋友，去年惨遭淘汰。现在，简兄的一些大场面新作，在昔日是'不可能'的。计算机协助摄影制作，不仅淘汰了我的朋友，也淘汰了我，没有淘汰的是简庆福。"现在张五常先生也垂垂老矣，但简老对这位世界著名的经济学家、同时也是著名的摄影家和书法家老弟的智慧和成就依然是赞赏有加。

简老认为："有了数码电脑，一切都变得轻而易举，所以我们要紧跟时代的进步，否则就会落伍。当然，任何新事物的出现，刚开始难免不成熟，要冒些风险，但不要害怕人家的议论，要敢做敢闯，等你做好了，大家也会客观地评价你的贡献。"

回忆简老从 20 世纪 80 年代末，开始投身学习电脑和 PS 软件。到 90 年代初，开始利用 PS 及其他图像处理的手段，对相机镜头摄取的图像，进行剪裁、遮光、加光，一个或多个元素的增减、挪移、重新组合，到对画面色彩进行调节、调整等后期的数码处理，改变了原有图像的状态，使作品展现出在相机"快门"下，所不能获取到的意境和色彩，达到了笔者理想中的效果。简老 25 年前的努力，使他成为香港和国内摄影界中"第一批吃螃蟹的人"，他的尝试和孜孜以求的努力，终于获得普遍的认可。现在在艺术创作和沙龙摄影作品中，数码处理手段的运用已非常普遍，大家不再深究手段而直接对影像效果加以评判，这是认识上的进步；在摄影教本中也出现了一个新的摄影名词"后摄影"，指的就是通过数字化技术手段的后期创作，使画面变得更美、更符合摄影者内心的感受和需要，使作品"变废为宝"、"变差为好"和"锦上添花"。在这里我要提到一位"有功之臣"，就是简老的公子简国铭兄，他原来在美国学习航空工业，是位科技专家，当然十分精通电脑操作。退休后，和简老一起热衷于摄影艺术创作，是他帮助简老学习和采用电脑数字化技术，取得了可喜的成就。

对于数码相机的出现，简老也有自己的看法。他说："最早的照相机机身像微波炉一般笨重，后来逐步缩小体积，从 10 寸大的底片改为 120 底片、135 底片；从折叠式的"皮老虎"相机、发展到双镜头反光镜相机、单镜头反光镜相机，后来又出现了微单数码相机。过去我们拍照完全凭经验、凭技巧，要掌握好光圈、速度和焦距，现在照相机全自动了 (当然还有手动功能)，有各种镜头配合，不必跑近跑远，还有连拍功能，可从中选择出中意的照片。以往我们外出采风要携带大量胶卷，有了数码相机，这些都可免了。但是数码相机刚推出时，因为技术上还有点问题，例如像数还不高，我买了数码相机研究它，但很少使用，等技术慢慢成熟了，到 2010 年后才开始使用。"

有人问简老用什么品牌、什么型号的相机好？简老常回答说："我们过去用老式、简单的照相机都能拍出好照片，现在科技发展很快，照相机更是日新月异，不断有新的型号出现，说明制造相机技术在快速进步，但我认为不必刻意追新，照相机用熟了、用惯了，拍起来就能得心应手。至于品牌嘛，我用惯了佳能的，现在年纪老了，肩背两只单反相机爬山涉水，觉得有些吃力，最近我买了索尼的微单，出门背着就轻便得多，但真正搞创作，我觉得还得靠'长枪短炮'全副武装才行。不过我深信随着照相机技术的进步，今后，照相机的性能一定会越来越好，也会越来越轻便的。"简老还说："即使用相同品牌的'长枪短炮'、在相同的景点搞创作，不同的构思会拍出不同的作品。现在有不少年轻的同行们，思想前卫，他们灵活地运用鱼眼镜头和超广角镜头，拍出更夸张、变形的抽象作品，使画面妙趣横生，这也是摄影艺术中的一种新的流派吧！"

简老还说起影像产品巨头美国柯达公司：这家有着130多年光辉历史的巨大企业，生产的彩色胶卷更是世界顶级的产品，但因在数码技术浪潮中步履蹒跚，跟不上形势，在2012年初提出破产申请，成了"不进则退"的典型，这就像以前大家出门坐人力车或骑自行车，现在都乘汽车、飞机了，我们都要紧跟科技进步的脚步，才能不落伍。

简庆福常常和友人们谈起："要拍张好照片是不容易的，真正的好照片，一辈子也拍不了几张，就像一些著名的画家，他们传世的精品杰作，也就那么几张；再说诗圣李白、杜甫，他们能流传下来、脍炙人口的诗歌也是不多的。我拍的好照片不多，一年中也拍不到一张，如果一年能拍一张好照片，那我就该有70多张了，没有那么多的！有时我拍到张好照片，就会兴奋得彻夜难眠，反复观看、思考，还会请朋友们一起来欣赏，征求大家的意见，真比自己得了奖还高兴，会越看越开心。或许，这几十年来，我曾经拍过些好照片，也曾经有所作为，但那都已经成为历史，在艺术长河里，留恋过去的成绩就如同'逆水行舟、不进则退'。我深深地感到：时代在前进，必须创新，如果守旧、吃老本，就会被淘汰，老话说'活到老、学到老'、'三人行必有我师'，我还要不断地学习、不断地探索、争取有所改进，有所创新，多拍几张好照片出来，让老百姓看了喜欢，也让我和大家一起分享摄影创作的乐趣。"

第九章　大师风范高山仰止

柯灵先生曾经说过："治白话文学史，不能无胡适、陈独秀；治新文学史，不能无鲁迅；治新电影史，不能无夏衍；治新美术史不能无刘海粟。"北京电影学院摄影学院宿志刚院长则补充说："治中国摄影史，不能无简庆福。这个人怎么也绕不开。"

纵观简老漫长而辉煌的一生，他的"大师风范"绝不是自诩的，是有目共睹、众望所归的。2010年中国摄影家协会授予他终身成就奖（图 147），2011年中国文学艺术联合会授予他"造型艺术成就奖"（图 148）；美国摄影学会认为："简大师思维不滞于物，气度俨然，其豁达与真挚的感情，直达于作品之中，见相如见其人。简老待人慷慨，支持港、澳、台及内地摄影事业，不遗余力，其造诣及气质不凡，知者无不认同他确实具有大师的风范。"为此，2012年美国摄影学会特授予他"终身成就奖"（图 149），把他推上了"世界第一人"的摄影大师宝座，但简老还是那样虚怀若谷、好学不倦、平易近人，使人大有高山仰止之感。

荣获终身成就奖（图 147）

一、德高望重、众望所归

2010 年 12 月 11 日，中国摄影家协会为庆祝简老荣获中国文联授予的第九届"造型艺术成就奖"，表彰他从影 70 年来所取得的巨大成就，在北京远望楼宾馆隆重举办了"光影春秋——简庆福从影 70 年理论研讨会"、作品赏析会和《简庆福摄影艺术典藏》出版系列活动。来自祖国内地和港、澳地区的摄影家、影评家和领导们近 300 人，欢聚一堂，众星捧月般地聚集在简老身边。中国文联副主席廖奔和香港摄影学会黄贵权会长等共同为其作品揭幕，会议由中国摄影家协会副主席张桐胜主持，分党组书记、副主席兼秘书长李前光首先向大家宣布：简老新近荣获中国文联授予的"造型艺术成就奖"，并代表中国摄协向他表达由衷的祝贺！接着李前光又以晚辈的身份表达了他对简老人品艺德的赞誉与钦佩，他回顾了简老 70 年的摄影成就说："简庆福先生以其坚定美好的追求，丰富精彩的作品，感人的创作历程，辉煌的艺术人生，赢得了人们对他的敬重，体现出了他对推

荣获造型艺术成就奖（图148）

荣获美国摄影学会终身成就奖
（图149）

动中国摄影事业的发展所作的贡献。"他说："简老热爱祖国，热爱生活，快乐奉献的精神鼓舞、温暖着自己以及更多年轻后辈。"他祝愿简老"生命之树常青，艺术之树常青。"随后，李前光代表中国摄影家协会将一座签满了摄协工作人员名字的红星胡同61号中国摄协门楼的模型赠送给简老（图150），以表达协会与简老长达半个世纪的情意。简老接到这一特殊的礼物，激动得把准备好的答辞放在一边，连声答道："谢谢，谢谢大家。"简老钟情这特殊的礼物事出有因：2008年夏天，简老听说中国摄协要搬迁新居的消息，特地冒着酷暑赶到北京红星胡同61号，和大家一起告别这幢承载着中国摄影家协会50年历史和新中国几代摄影人难忘记忆的小院，从这里他见证了中国摄影家协会发展壮大的历史，也和大家共同珍藏了一份温馨的记忆。

出席活动的有钱海皓、程宝山、糜振玉、毛新宇、冯凯文、宋举浦、段世杰、于健、杨绍明、陈勃、陈昌谦、袁毅平、贾明祖、王瑶、王郑生、顾立群、杨恩璞、连登良等影坛著名人士，以及和简老爬山涉海、同甘共苦的影友，还有号称简老"粉丝"的摄影后辈。大家围绕简老的人品艺德、他的中西融合的画意摄影以及香港沙

137

李前光向简老赠送门楼模型（图 150）

龙摄影与现代各摄影流派间的继承与发扬等话题，有 40 多位专家学者畅抒己见，踊跃发言，气氛活泼，得到各方人士的高度评价，也展示了简老在国内的朋友之多和威望之高。事后简老谦虚地写道："我虽出入影坛几十载，办过多次影展，出版过多本画册，并获得终身成就奖，但时代在进步，常常自感跟不上形势，徒有虚名，而力不从心。古人曰：三人行必有吾师，期望通过'以影会友'、'以书交流'，继续得到社会各界、摄影同道的指教和帮助。"具名是"九十老叟简庆福"，其谦谦君子之心，跃然纸上。

接着中国摄影出版社以收藏单页的形式，收录了简老亲笔签名、加盖硬印的 20 幅经典作品，为《简庆福摄影艺术典藏》举行了首发仪式。《典藏》，一共限量印刷 100 本，分赠同道，弥足珍贵。

会后简老为答谢参加此次活动的来宾，特在远望楼宾馆举办晚宴，席开 40 桌，群贤毕至，少长咸集，笑声满堂，好不热闹。

简老九十岁以后，记忆力减退，对眼前的事，往往说过就忘，但对几十年前的往事，却记得十分清晰。他老来十分怀旧，对一些已经仙逝的师长和同窗好友至今记忆犹新，闲来无事，常会不厌其烦地谈起一些人生经历和旧闻逸事，笔者一一记下，我们从中也可以领略到他的大师风范。他常念叨他年轻时在上海美专学西洋画的往事，当时他的老师们大都是名震一时的"海归"西洋画家，同时又是著名的中国画家。因此，得以吮吸中西文化的乳汁成长，在中西文化融合的十里洋场中学习，养成了海纳百川的开阔视野和宽广的胸襟。他尊师崇道，为人热忱，慷慨大方，成年、成名以后和前辈艺术家们保持着亦师亦友的良好关系；对于同辈的艺术家们更是交往密切，助人为乐；对于青年艺术家们，则以奖掖后进为己任。简老在艺术圈里淡泊名利、与世无争，交游广泛、人缘极好，口碑绝佳，可谓德高望重。

二、尊师崇道、良师益友

简庆福先生 1942 年进上海美专，以后又转到充仁画室学习，在画室期间，结识了比自己大 8 岁的学长刘旭沧，当时刘旭沧的摄影作品已参加过 295 次国际沙龙影展，得奖 54 次，入选照片数为世界的第六位，在国内外摄影界中享有盛誉，简庆福在张充仁老师和刘旭沧学长的影响下，走上了摄影艺术创作之路，他经常参加在青海路刘旭沧府举办的摄影界雅集，和摄影界前辈郎静山（1892—1995）、同乡卢施福医生（1898—1983）等一起切磋技艺，交往密切，可谓情深谊长。郎静山比简庆福年长近 30 岁，当时简庆福才刚 20 出头，前辈们常以上海话戏称他"小八腊子"。简庆福赴香港前，曾为郎静山、吴国桢市长和著名摄影记者康正平三人摄影留念。1949 年夏，郎静山应美国新闻处邀请搭乘美国邮轮经香港到台湾，参加影展后就在海峡彼岸定居，但他心系祖国，常以不能回内地探亲拜祖为憾。新中国成立后，政治运动不断，他又心存疑虑不敢回来。1986 年简庆福赴台湾，打消他的思想顾虑，帮他买好来回的飞机票，亲自陪他回上海和兰溪老家探亲访友，并在上海举办郎氏摄影艺术作品展。当时郎静山很想见见老朋友刘海粟和张充仁，正巧他俩都在法国，未能晤面，深以为憾；1987 年简庆福陪刘海粟校长赴台湾访问，使刘海粟得以和郎静山等老友欢聚一堂，其乐融融（图151）。此后，百岁老人郎静山在 1991、1992 两次回国探亲、并在北京故宫举办郎静山百龄百幅摄影展，都由简庆福亲自陪同，资助相关费用；1993年简庆福和台湾黄金树联系，促成了中国摄影家协会访问台湾，和以郎静山

与刘海粟、郎静山（图 151）

简老与朱晓明、唐震安（图 152）

胡珂和唐震安与郎静山塑像合影
（图 153）

为首的当地摄影协会建立联系。郎氏仙逝后，简老为纪念这位在中国摄影史上有贡献的前辈，2007 年和政协上海市委朱晓明副主席、华侨摄影协会唐震安会长（图 152），筹划举办郎静山杯摄影大赛，请上海著名雕塑家胡珂为郎静山大师雕塑了一尊神形皆备的半身像（图 153），现在"郎静山杯摄影大赛"已连续办了 8 届，每次举办，简老都亲力亲为，主持参赛作品的评选，吸引了全世界的华人摄影家前来参赛，还把展览会办到台湾、美国，促进了海峡两岸摄影家间的交流和友谊。这里笔者又想起 2011 年那次评奖，适逢上海倾盆大雨，简老在大雨滂沱中，准时赶到会场，皮鞋早已湿透，鞋中还倒出了不少雨水，影友们看到九旬老人的敬业精神，无不为之感动，敬仰之情不禁油然而生，相比之下，卢施福医生就没有这份福气了。这位摄影大师比简庆福年长 23 岁，他在 1918 年开始摄影，1934 年就先后参加巴黎、伦敦、纽约等地的国际沙龙影展，获奖十余次，1935 年成为美国摄影学会会员，名列《美国摄影年鉴》。新中国成立后任中国摄影学会理事，并调往《安徽画报》工作，实现了他"55 岁后退出医界，将我老年的精神与时间，来实现我的第二生命的摄影事业"的志愿，但在"文革"

中因"海外关系"等问题深受迫害。改革开放后，中国摄影出版社出版了《卢施福黄山摄影集》，简庆福曾专程前往安徽探视，但卢医生生活得并不如意，面对老友不禁泪流满面，后两年不到就郁郁而终。而把简庆福带上摄影艺术之路的刘旭沧的结局就更惨了，他出身于南浔的名门望族，早在 1938 年就被美国摄影年鉴统计为在国际摄影沙龙中摄影作品入选数为世界的第六位。新中国成立后，他当选为中国摄影学会常务理事和中国摄影学会上海分会副主席。20 世纪 60 年代，夫人因对处境不满出走美国，刘旭沧追到香港，住在宾馆，和简庆福先生天天见面，他爱妻情深，每天打越洋电话到美国，夫人就是不接听，简庆福劝他想开点，并力邀他住到自己家中，但他出身豪门，傲骨不减当年，一直郁郁寡欢地住在旅馆中。回上海后，**正值"文革"运动**，在这场"大革文化命"的浩劫中，他又首当其冲。刘旭**沧精于**占卜之术，他再三为自己算命，算来算去死路一条，就这样一位摄影界**的精英**，在种种压力下只能"自绝于人民"。简老谈到这段往事，还不胜唏嘘，黯然神伤。后来笔者帮简老找到刘旭沧的女儿刘世镰女士，她也是充仁画室学生，曾随张充仁到上海美专求学，毕业于雕塑系，我们曾多次相聚；2006 年笔者还陪简老去南浔瞻仰刘氏故居，为刘旭沧纪念馆题字留念。

简庆福原本是学绘画的，他对老师们十分崇敬，对他们在"文革"中的处境，更是十分同情，还在"文革"结束前的 1975 年初，他就通过法国驻港领事馆的曾家杰，帮助有"比利时半个国王"之称的"丁丁之父"埃尔热（Herge 1907—1983）和张充仁老师建立了联系，促使张先生二度访欧，造就了他艺术生涯的再度辉煌（图 154）。1976 年"文革"结束，他就立即赶回上海探望师友，热情地安慰和帮助这些老艺术家，为他们排忧解难。他经常回国，利用自己可免税带回"一大件"的便利，将当时国内十分稀罕的彩电、冰箱等分赠老师，还为他们带来国外精美的画册和颜料等，丰富他们的文化生活。1980 年春在上海举办"简庆福摄影作品展"，他请老师们和上海市的领导一起剪彩，刘海粟校长说："你的摄影有画意，没有白学美术，是我的好弟子！"而张充仁老师更以摄影家的眼光看着简庆福的摄影作品，从构图、用光、色彩和意境着眼，对他大加赞扬。1981 年张充仁访问比利时，和埃尔热在半个世纪后的重逢，轰动了欧洲，在那里受到国宾般的礼遇，但回北京时，由于"左"的影响犹存，处境艰难，简庆福设法找到张先生，帮

张充仁和埃尔热像（图154）　　　　张充仁塑《简庆福塑像《（图155）

他解"燃眉之急"，并帮助他的女婿去美国学习。他还介绍张先生为澳门赌王叶汉、星相大师董慕节等塑像，使张先生获得了经济上的支持，张充仁特地用一块1935年他从意大利带回来的大理石，为简庆福雕刻了一尊胸像（图155），以留作纪念。

　　刘海粟、张充仁、朱屺瞻、关良等老师每到香港，他都会盛情款待、热忱帮助。好在他香港的住宅很宽敞，和老师们住在一起可畅叙往事、切磋技艺。关良老师和儿子到美国探亲，同样住在他家中，这样照顾起来更为方便。这些在"文革"中伤痕累累的老师们，对他无以为报，只能"秀才人情纸一张"，回赠些画作，以资留念，简庆福懂画，当然清楚这些精心力作的艺术价值。这里捡出一张刘海粟校长1978年在广州迎宾馆即兴画赠简庆福的《红白牡丹》（图156），三朵牡丹花，以三个不同的角度出现在画面，红牡丹一枝斜出，纯用渲染，层次丰富，娇艳欲滴；白牡丹或仰或伏，用双钩画出，如凌波仙子，皎然出尘。将红白牡丹不同的美表现得十分传神。而枝干穿插、绿叶赋色，又在平凡中飘溢出古雅逸趣。旁题古诗一首："不必繁弦不必歌，情中相对更情多。殷鲜一半霞分绮，洁澈傍边月贴波。"次年海

《红白牡丹》（图 156）

《葡萄》（图 157）

老又画了水墨《葡萄》相赠，题款曰："吓到白阳，笑到青藤，唯有庆福，不吓不笑。"（图157）可见师生两人相知之深！两年后，85 岁的海老又画了幅《绿山红树》的泼彩山水送给简庆福；海老自认为字比画好，还特意写了幅草书杜甫的《秋兴八首之七》给庆福老弟：诗曰"昆明池水汉时功，武帝旌旗在眼中。织女机丝虚夜月，石鲸鳞甲动秋风。"（图 158）显示了师生间长达半个多世纪的深情厚谊。

关良老师（1900—1986）和简庆福是广东同乡，他到香港就住在简家，两人情投意合，情同家人。关良老师早年留学日本学习西洋画，受到西方印象派的影响，回国后在美专教素描，并学习中国画，他将

《秋兴八首》（图 158）

143

关良的《京剧人物》（图 159）

朱屺瞻的《天门云山》（图 160）

西方的绘画理念和技巧，引入中国传统的水墨画中。他热爱京剧，把京剧的华美，中国画的意境、西洋画的夸张和变形结合在一起，创造了别具一格的戏剧人物画。以极精炼的写意笔墨表现剧中人物的声容气势。简庆福特别欣赏他画的京剧人物，以拙求朴和率真的稚气，聊聊数笔把人物的精、气、神表达无遗，毫无矫揉浮华之感。关先生画如其人，大巧若拙、朴实纯真、慷慨大方，往往兴之所至，会一气画上几张，即使题材同样是孙悟空三打白骨精，但每张构图不同，姿态各异，给人以想像的空间。简庆福珍藏了大量关老师的作品，如：1979 年新春在上海题赠庆福学弟留念的《京剧人物》（图 159）和 1980 年赠送给简夫人爱琼女士清赏的《武剧图》等，还有他和刘海粟、朱屺瞻老师合作的大幅戏剧人物画，等等，都是这段师生情谊的最好见证。

百龄老人朱屺瞻老师（1893—1996）和简庆福也是忘年交，简庆福曾就当时盛传的"徐、刘之争"，当着谢稚柳、钱君匋的面请教屺老，你和徐悲鸿院长都比刘海粟年长，为什么至今你还自称是海老的学生？屺老答曰："刘校长少年老成，他 17 岁就任上海美专校长，当时我们都年轻，大家都在上海美专学画，不管时间长短，都算是他的学生，这是也历史的事实。"屺老年轻时打下了西洋画的基础，以后又曾留学日本，他热爱塞尚、梵高和马蒂斯，又从徐渭、石涛、八大山人和吴昌硕那里汲取营养，他融合中西艺

144

术的精华，在用色方面创造了自己的一套规律，敢于用对比强烈的色彩，创造出如此和谐的画面，达到彩墨交融的境界。他善于捕捉大自然稍纵即逝的美态，无论山水或花卉，都能在他苍劲、老辣和古拙的笔触下，呈现出高于自然的艺术美，使画面充满了生机和意趣。简庆福和屺老的艺术观相同，所以感情深厚，对他老来求变、不断进取的精神分外钦崇，也收藏了他不少作品。1976 年简庆福和陈复礼、黄贵权等结伴到内地采风，闲聊当时中国画坛旧事，简庆福对屺老的人格画品评价极高，引起了黄医生的仰慕，后经简老介绍，黄贵权和屺老成了忘年好友，他陆续收藏百龄屺老精品力作 300 多幅，并承屺老赐斋名"瞻缘堂"，简老还介绍黄医生和沪上名家谢稚柳、陈佩秋等相识，两老也请黄医生做他俩的保健顾问。1988 年仲春，他们结伴同游淀山湖，屺老即兴挥毫画了张《盆菊图》给黄医生，上题五言诗："菊得霜乃荣，性与凡草殊，我病得霜健，每欲稚子扶，岂与菊同性，故能老不枯。"浓情厚意，表露无遗。黄贵权医生是香港摄影学会会长和香港最著名的收藏家雅集"敏求精舍"的主席，以收藏朱屺瞻、谢稚柳作品而著称。1976 年春节，简庆福和屺老都住在上海衡山宾馆，年初一早晨，他去隔壁房间向屺老拜年，屺老大呼"不敢当"，当即挥毫作《天门云山图》并题李白望天门山诗："天门中断楚江开，碧水东流直北回。两岸青山相对出，孤帆一片日边来。"相赠（图

《画家朱屺瞻》（图 161）

朱屺瞻《风味亦可人》（图 162）

关良和林风眠（图 163）

林风眠《仕女图》（图 164）

160），简庆福也为屺老抢拍了一张《画家朱屺瞻》（图 161），把"百年人瑞"的屺老，老当益壮、充满活力的神态表达得生动无遗。两年后，屺老又画了张《风味亦可人》（图 162）相赠，可见两人交情之深。

关良老师的同庚同乡好友林风眠先生（1900—1991）（图 163），长期以来是我国的现代美术教育和中西方绘画融合的领军人物。他 1926 年从法国留学归国后，出任北京国立艺专校长，以后又任杭州国立艺术学院院长等职，直到 1952 年辞去教职，回上海潜心创作。在十年"文革"浩劫中，他亲手将数十年的精心杰作撕碎浸入浴缸中，捣成纸浆，冲入下水道，但还是以"莫须有"罪名，被捕坐牢 4 年余，受到残酷的迫害，直到 1972 年底才获释，1974 年又再次受批判。1977 年林老 78 岁时，获准出国，寓居香港，住在中侨国货公司提供的住所里，以办画展、售画谋生。关良老师拜托简庆福多加关照，简庆福对这位老师辈的艺术大师融合中西、色墨交融的画风十分钦佩，以每幅 2 万港币的价格收藏了他 10 幅精品，如《花卉》、《仕女》（图 164）等，这对刚从内地

张充仁、王季迁在林风眠画前（图 165）

来港还无"万元户"概念的林老来说，无疑是"天价"，这笔钱无疑是巨款。改革开放后，林风眠当选为中国美术家协会上海分会主席，1988 年上海举办"林风眠画展"，简庆福先生曾受有关方面请托，希望林老能回上海参加他的画展和从艺七十周年学术座谈会，但林风眠因在内地受害过深，还有近百幅画作被留在上海，不愿再回伤心之地。简庆福先生将林老的《四美图》和《花卉图》悬挂在客厅中，吸引着众多宾客的关注。1992 年张充仁大师和他的学生、美国著名的书画鉴定权威王季迁大师在简庆福先生家欢聚，大家对去年已随风而逝的林风眠大师的艺德人品赞不绝口，拍下了这张由 4 位大师共同参与见证历史的珍贵照片（图 165）。

　　国画大师张大千（1901—1984），虽说不是简庆福先生的老师，但简老一直对他十分钦崇，以师礼相视。说起张大千，就绕不开高岭梅。1947 年简庆福在南京经商时，结识了在那里开影楼的高岭梅，互相切磋技艺，相聚甚欢。简庆福移居香港后，又为高岭梅在香港开影楼出过力，两人可谓情深谊长。1951 年简庆福在黄山天都峰拍了幅《黄山云》，在香港轰动一时，逗留香港的张大千闻讯后，托高岭梅向简庆福索要了这张杰作，观摩数日、爱不释手，亲笔题诗一首相赠，诗曰："三作黄山绝顶行 年来烟雾暗晴明平生几两秋风履 尘腊苔痕梦里情。"大千居士早在 20 世纪 30 年代初，就先后三次登顶黄山，对那里的烟雾晴明记忆犹新，看到这幅简庆福拍摄的《黄

《张大千像》（图 166）

山云》，引发了他对往事的回忆，诗中表达了他对祖国大好河山深切的怀念之情。高岭梅是张大千的结拜兄弟，大千每到香港，他都特请川菜厨师为大千烧四川家乡菜；大千爱听戏，就陪他去看戏，两人相处，其乐融融，简庆福也常应邀参与宴饮。张大千出身名门，为人豪爽、慷慨大方，兴之所至，挥毫泼墨，为高岭梅留下许多墨宝。以后张大千迁居巴西和美国，简庆福还专程到美国去探望过他，只见他家中所用的、所吃的、所讲的都是中国的，可见他浪迹海外几十年，浓浓的乡愁，使他的住处成了"五州行遍犹寻甚，万里归迟总恋乡。不见巴人说巴语，争教蜀客怜蜀山"的伤心处；他在画中题诗"还乡无日恋乡深，岁岁相逢敢不梦"。简庆福问他是否归去？他摇摇头，伤心地谢绝回内地一游的邀请。后来张大千回台湾办画展，向高岭梅索要他的旧作以供展出，高岭梅爱画如命，执意不肯，两人因此绝交。作为双方都是朋友的简庆福认为：张大千慷慨大方，他在台湾办展，势必引起轰动，当地的达官贵人前来求画，大千定会拱手相赠；而高岭梅收藏大风堂墨宝来之不易，心痛这批大千杰作运到台湾后可能会"血本无归"，也情有可原，但从两人情谊来讲，也应以情为重。光阴易逝，现在两位老友均早已仙逝，前几年香港苏富比拍卖高岭梅留下的大千遗墨，轰动画坛，成交价高达数亿。回忆两位老友因画订交、因画绝交，却使后人获益的往事，简老不胜怅然。只有他当年在沙田欢宴两人，在餐桌上抢拍的张大千肖像（图166），还在面带微笑地对着人世间的恩怨情仇，见证着他们的友谊，真希望两位老友在天之灵，也能相逢一笑泯恩怨吧。

国画大师李苦禅（1899—1983）和简庆福也有一段情，他曾画《红梅图》题款："庆福同志正之，苦禅"，简庆福也为他照相留念，可惜他1983年就仙逝了，否则以两人异于常人的品性，定将有佳话流传。

三、同辈情深，助人为乐

简庆福先生为人热忱、仗义疏财，慷慨大方而又淡泊名利，在同行中口碑甚好。

20世纪50年代中期，正当他在摄影界如日中天之时，却急流勇退，不再参加摄影比赛，仅担任评委之职，他心中的想法是：独占鳌首不好，机会要让大家分享。香港有70多个影会，简老只参加香港摄影学会，却从来不做主席，其他影会请他当领导，他都一口谢绝，有些影会他会捐钱，但说好只捐钱，不做会员。对国内的摄影家协会，同样如此，他只在中国摄影家协会担任顾问，其他摄影会他最多只挂个评委、顾问的头衔，他笑着说："顾问顾问，可以顾而不问，什么事都不管，我只要拍照，这纯粹是爱好。"但任何影会只要有需要，他都会义不容辞地尽力而为。他认为人的精力是有限的，不当领导、超脱些，做个摄影发烧友最好。

陈复礼大师1947年师从越南摄影师学习摄影，1955年移居香港。他长袖善舞，在经商、从政和摄影等方面都有建树。虽然他成名在后，但比简老年长5岁，简庆福对他也总是礼让三先，两位大师相互尊重，一起采风，联合办展，从无文人相轻之表现，陈老晚年门庭冷落，而简老还是不忘旧情、常去探望，带些水果去慰劳老友；连登良、黄贵权大师和简老在国内连办三次联展，互谦互让，亲密合作。黄贵权医生比简老小11岁，从影时间也更晚，但简老却在人前人后盛赞他绝顶聪明、学习努力，在摄影艺术上锲而不舍、精益求精、勇于创新；而黄贵权会长则在公开场合，赞扬简老是"香港的宝贝"，他还"投诉"这位"老顽童"："简庆福对着众人说：我'发烧'60年，黄贵权是我的医生，却治不好，他不是个好医生！"黄医生"可怜"地说："这句话，造成我生意减了50％。"殊不知此"发烧"非彼"发烧"，而简老也是心甘情愿地"高烧不退"。2012年，笔者和简老、李文君、黄医生等一起在香港中环午餐，黄会长为学会事郁郁寡欢，简老则劝他万事想开点，看到两位老友这种推心置腹的言谈，笔者想那些争名夺誉，互相排挤之辈，看了是否会感到汗颜？ 2014年11月初，黄贵权大师特地从香港赶到北京，在"光影无垠——简庆福摄影作品展"开幕式上，和大家分享了简老的艺术生涯和非凡的创作激情，他致辞说："简老在摄影艺术上的追求与寻索，引领了一代海外华人摄影艺术日趋繁荣，并形成了特有的中国气派，屹立于世界摄影界之林。"简老对国内的摄影家也都十分尊重，他常说："三人行必有吾师"、"敬人者人恒敬之"，同行之间要相互尊重、互相学习、互相歉让、和睦相处、取长补短，才能共同进步。

简老十分重视同窗情谊，他和程十髪是同年又同学，两人同届不同系，相识而交往不多。1979年春髪老在广州和简老相聚，畅叙别后，交谈甚欢。髪老当场作《锺馗行看子图》相赠（图167），题款"浩荡离愁白日斜，吟鞭东指即天涯。落红不是无情物，化作春泥更护花。己未春日客羊城珠岛，戏写锺馗行看子，赠庆福老学长博粲。程十髪借定盫诗题之，此诗原与画意无关，然与兴意吻合，真不合之合也"。1980年简老又邀请他参加在上海展览馆展出的简庆福摄影作品展览的开幕式，两人相互钦佩、交往日密（图168）；髪老将一幅在当年创作的《三女赏花图》（图169）赠送简老，并题跋："己未二月杏花开候 以五代人写佛章法 画赏花仕女 十髪。庆福学长四秩年未晤 余己未春日客穗把见 同机返沪可称胜风 持赠拙画博教 程十髪并识于海上檠光行"。后来髪老又将一幅明代古画相赠，简老收藏多年十分珍惜。髪老的前女婿马元浩在香港开影楼，营业不佳，简老将此画转交元浩，并告之古画珍贵，希能善自珍藏以资留念。髪老任上海中国画院院长期间，呕心沥血建树良多，为了丰富画院藏品，髪老向简老求索曰："久仰老兄收藏关良老师作品富甲天下，能否捐赠以供展示？"简老欣然曰："我当向老兄学习，'独乐乐不如众乐乐'，我可以捐赠，但有一条件：必须设专厅公开陈列，使老百姓都能看到和知道关良老师的艺德人品！"回港后，当即翻

《钟馗行看子》（图 167）

《三女赏花图》（图 169）

程十髪与简庆福（图 168）

简老参观关良专题馆（图170）

箱倒柜，搜出历年来的珍藏和小友蒋日宏帮他收集关良老师的杰作计74幅，全部无偿捐赠给画院。2002年，简老带笔者一起出席了在上海中国画院召开的捐赠仪式，观赏了陈列的关良作品，此时髭老和简老都已81岁高寿，髭老行动不便，还拄着拐杖陪我们看展品，说："这些展品都是关良老师的得意力作，其中有数幅大型的作品是关良和刘海粟校长、朱屺瞻老师等合作的，这是历史的见证，弥足珍贵，简兄将这许多珍品全部捐给国家，真是功德无量呀！"现在关良这批力作，大都在中华艺术宫专设的"关良精品陈列馆"中展出（图170），但遗憾的是还有几幅关良和海老、屺老合作的巨作不在展品中。髭老是2007年逝世的，病中简老曾多次前往医院探视，髭老家中悬挂的一张巨幅照片，还是简老1999年在美国旧金山家中替他拍的。

　　简庆福和王珲、哈定三人是充仁画室的同窗好友，王珲曾任画室助教，深受张先生青睐，他以水彩画见长，上海解放后又作为张先生的助手，一起创作了《无产阶级革命创造中华人民共和国》巨型雕塑；哈定原来画油画，后来也转向水彩画。1953年，王珲调到北京专做十大建筑中的装饰雕塑；而哈定则自创哈定画室，在上海享有盛誉。他俩退休后，简老帮他们先后移

王珲在美国旧金山（图 171）　　　　哈定在洛杉矶（图 172）

民美国。1985 年王珲夫妇到达美国，次日简庆福即赶到旧金山，帮他们安排好住房和工作，以后又邀请他们回香港创作，替他们卖画，帮他们筹款买房，使他们能在美国安心画画（图 171）。1990 年哈定赴美国前，简庆福又将哈定的 10 幅水彩画推荐给老赌王叶汉，得款 5 万美元，帮他在美国立住脚跟。哈定在洛杉矶发奋画画（图 172），他在水彩画上有很大的突破和成就，可惜他俩都在 82 岁时就过世了。为了使国内画坛记起哈定在水彩画创作方面作出的杰出贡献，2013 年简老和笔者在上海参加了一场颇为轰动的"纪念哈定诞辰 90 周年水彩艺术专场"，上海的电视台、报纸等宣传媒体好评如潮，拍买现场人头攒动，使水彩画价格飙升 10 多倍，创造了我国水彩画拍买历史的最高记录，使哈定的的遗孀能够享受到画家生前的劳动成果，也使国内的水彩画家在画坛中享有应有的地位，2014 年 7 月中华艺术宫为哈定举办个展，简老又亲临捧场，吸引了大量观众，使这场哈定画展成为中华艺术宫开展以来观众最为拥挤的画展。

　　当时画室中还有两位同窗：旅居美国的书画鉴定权威王季迁和名震香港的星相大师董慕节，他两都是国画大师吴湖帆的高足，以后又相继师从张充仁学西画。王季迁和简老交往密切，简老收藏古画，常请王老鉴定；而董慕

张充仁塑《吴湖帆像》（图 173）　　　　沈默塑《简庆福像》（图 174）

节和简老当年都住在香港豪园，接触更多。坊间盛传，董慕节算命批命书特别准，在香港大名鼎鼎，请他算命要半年前预约排队，每次还得付 5 万港元。董大师曾提议为简庆福算命，不料事忙错失机缘。其实，早年在简老读中学时，大哥庆钧带了二哥庆方和他三人同去上海星相名家"真左笔"处算命，算命先生讲："大哥和他都可享高寿，而二哥则年不过三十。"当时大家都年轻，也不以为意，不料二哥却在 29 岁时，英年早逝，而大哥和简老都早已年逾九十，健康长寿、子孙满堂，可见"命"是有的。正如有人出生在沿海的大都市，有人却出生在穷乡僻壤，出生的环境不同，生活的机遇也不一样，这就是"命"；简老对命运却有自己的看法，他说："命"是可以改变的，通过自己的"运"作和努力奋斗，即使出生贫贱依旧可以争得美好的前程，可见决定命运的关键，一半还是靠自己的努力！简老讲：董慕节学富五车，满腹经纶，重友情、讲义气，为纪念他在"文革"中被逼致死的先师吴湖帆，特出巨资请张充仁老师为吴湖帆塑了一尊铜像，以立范后世。简老为此摄影，并著文介绍，见证了这师生二代、四位大师的一段情谊（图 173）。

　　充仁画室的"关门弟子"沈默是学雕塑的。他历经坎坷，1982 年移居

黄胄《鸿雁图》（图 175）

香港前，张充仁老师为他写了一封推荐信给简庆福，请他念及同门之谊给予帮助。果然，简老不负重托，当时沈默初到香港，人地生疏，在寺庙中栖身，处于困境之中，简老为他安排好住房和工作室，并介绍他为香港的名流、富商塑像，帮他在香港站稳脚跟，为以后获得成功创造基础。1998年香港（海外）文学艺术家协会向沈默与巴金、冰心、金庸、贝聿铭、谢晋等20多位文化名人，同时颁发了"中华文学艺术家金龙奖"；2001年沈默又荣获英国皇家联盟科学院授予的荣誉院士证书，名扬海内外，沈默也以精湛的艺术为庆福学长塑像（图174），以表感激之情。

　　画家黄胄（1925—1997）比简庆福小4岁，他访问香港时，得悉简兄曾学过美术，当场挥毫作《鸿雁图》（图175）款识"拳不离手 曲不离口 庆福兄科班而荒芜有年 今画此抛砖引玉并搏一粲 黄胄于香港"相赠，又画《骆驼》相赠。后来黄胄在北京创办了中国第一家私人投资的炎黄美术馆，简老深嘉其志，赠送了一辆豪华的面包车以利交通，黄胄无以为报，赠庆福兄力作数幅，以表谢意。创作于1983年的《赴集图》（图176）题款识："平生历尽不平路 不向人间诉不平 此友人题画驴句 应庆福兄雅意并请教正 癸

黄胄《赶集图》（图 176）

娄师白《鸭趣图》（图 177）

亥年夏黄胄于思远楼"等，可见交谊之深。

　　北京画家娄师白（1918—2010）比简庆福年长 3 岁，在艺术圈中有这样的说法："齐白石的虾，徐悲鸿的马，李可染的牛，黄胄的驴，娄师白的小鸭子。"娄氏和简庆福交往密切，最近笔者帮简老整理藏品，发现他赠送给"庆福方家雅正"的画有 4 幅，兹拣出一幅《鸭趣图》（图 177），以飨读者。

　　简庆福写得一手好字，至今每天犹练字不中断，他常叹道：字无百日功，但书法要写得好，比绘画更难。1980 年启功大师到香港访问，欣遇简老，

启功书法（图 178）

启功挥毫手书一幅敬赠简庆福，书曰："江山亦秋色，火云终不移。巫山尤锦树，南国且黄鹂。杜少陵句。庆福先生雅正。启功。一九八零年高校摄影学会赠。"（图 178）简老盛赞启功的书法清秀有力，字里行间充满了书卷气，真是字似其人。此后，他与启老经常交往，并收藏他的墨宝。

简庆福爱好音乐，年轻时在充仁画室，常和原来在国立音专学声乐的同窗好友王珲等引吭高歌，十分快乐。1944 年，简庆福在武汉东湖游泳时，远远传来一曲悠扬动人的歌声，深深吸引了他，同伴告诉他：这是邻居周小燕在唱，在友人的引荐下，他冒昧登门拜访周小燕，表达了他的仰慕之情。自此之后，两人再也无缘相见，但周小燕的歌声始终萦绕在他的心头。直到 2011 年，简庆福在上海，偶然听到周小燕因病住院的消息，老来多情的简老决定再次登门造访。11 月 5 日下午他在楼吕宁女士的陪同下，去瑞金医院拜访心中的偶像，这次见面，令周小燕大感意外，料想不到眼前的这位国际著名的摄影大师，竟痴迷她的歌声 70 年！当简老低声吟唱起 70 年前，周小燕那时引吭高歌的"教我如何不想他"时，两位年逾九十的老人同声和唱，一曲方终，简老又用英文唱起了 One day when we were young（当我们年轻

简庆福与周小燕（图 179）

时），周老也欣然同唱起来。周小燕翻阅简老赠送的摄影集后，不禁大为赞叹，快乐地说："如果 70 年来你是我的'粉丝'。那末今天看到你的作品，我也成了你的'粉丝'。"（图 179）两人回忆各自的艺术道路后，简老说："你荣获'金钟奖'在前，我获'造型艺术成就奖'在后，你一直是我学习的榜样。"如今，96 岁高寿的周小燕还在尽心栽培声乐界的后起之秀，而 93 岁的简庆福继续背着相机，奔波在世界各地，到处摄影。他俩依旧活跃在艺术的天地间，辛勤耕耘，为增强中华文化的软实力，快乐地奉献自己的晚年。

四、奖掖后进不遗余力

简老平时家居香港。经常孤身一人，身背相机，手拖行李箱，往返世界各地，从来不要儿女陪护。熟悉他的亲友也不必为他担心，他们知道简老的老朋友虽已大都凋零，剩下来的也都垂垂老矣，但他的忘年交和"粉丝"们却遍布世界名地。简老一到，立即有人接待迎送，老人家不愿意打扰人，但亦会有人闻讯赶来，众星捧月似地拥簇着他，快快乐乐地交谈，欢欢喜喜地创作。2013 年去武夷山，山路峻险，年轻人要扶他一把，他会推开援手，健步如飞地跑到青年人的前面，表示他的脚力并不比别人差；下山或下楼，年轻人都会扶他一把，他又笑嘻嘻地说："你再扶，我就一步跳下去。"真是"老夫聊发少年狂"，令要扶他的人汗毛凛凛，慌忙缩手，生怕他真的一步跳下去。他说："山这么高，你上山下山，总会有危险的，就看你走路、做人是不是够稳健、胆子够不够大，他们说我胆大，我一点都不觉得。他们说有危险，我觉得没事，一跳就跳过去了，很难说什么是危险。你出去多了，就有经验了。摔跤当然有，但是也不是摔得起不来。"记得他 88 岁那年，在靠近越南的山坡上照相，突然山泥松动，人滑下去，跌到谷底，影友们急忙下去扶他，只见他把相机高高举起，笑呵呵地说"没有关系，只擦破点皮，照相机没有摔到，还可继续拍照。"回到宾馆，老人家都会慷慨解囊，笑嘻嘻地请影友们一起吃饭慰劳大家。简老饮食很有节制，从不挑食或暴饮暴食，吃肉时常咀嚼后将渣吐出来，只品其味而弃其糟粕，他烟酒不沾，但平时和他在一起影友们可以无拘无束的喝点酒、抽些烟，只要不酗酒就行。

简老从影 75 年，向他学摄影的人遍布全国各地，可谓桃李满天下。国内有位著名的摄影界前辈中国摄影家协会顾问袁毅平，只比简老小 5 岁，但一直把简老当作老师，见到简老，总是认真地对简老说："老师，您好！"而简老则说："您别客气，三人行必有吾师，你也是我的老师。"在他的研讨会或展览会开幕式中，他开口总是"请大家赐教"，结束时又是"感谢大家的帮助，大家的高见，帮我进步"，从不倚老卖老，以老师自居。

简老和中国摄影家协会会长邵华将军感情很深，经常相互交流，一起用镜头歌颂祖国的大好河山。2003 年，简老邀笔者参加国际摄影旅游节在苏州举办的"太湖风光国际摄影——简庆福杯摄影大赛"。邵华会长亲临主持，笔者目睹了他们之间的亲密互动，深受感动（图 180）。2007 年 11 月 6 日，邵华将军抱病亲率中国摄影家协会同仁数十人，赴香港为 86 岁的简老祝寿。晤面片刻，还未用膳，邵华会长即搭机回京，住院治病。仅仅相隔半年余，就在北京医院逝世，她的一生经历过许多的酸甜苦辣，仅享年 69 岁。简老为邵华抱病来香港为他祝寿，一直心怀不安，深感内疚。2008 年底，简老参加了邵华和毛岸青骨灰迁葬仪式，陪同毛新宇等一起将骨灰迁葬到湖南长沙的杨开慧烈士陵园。简老和李前光、宋举浦、刘滨、李文君 4 人一直

简老与邵华（图 180）

简老与傅强（图 181）

将花圈送到陵前。此后，每年他都要邀请毛新宇等一起前往长沙为邵华会长扫墓，向她致敬，而毛新宇夫妇也赴香港回拜简老。

上海有一批摄影界精英像唐震安、任洪良、陈海汶等，还有南京的屠国啸，杭州的钱敏，无锡的周时雨，等等，都和简老过从密切、声息相通，而简老也对他们提携有加，从不以老师自居。但也有例外，去年笔者向他介绍了刚泰集团的傅强，他为人敦厚，拜识简老后，这位摄影发烧友，持续"高烧"不退，把摄影艺术视作自己的第二生命，不停地奔走全国的各地区采风，拍摄回沪后，立即设法拜见简老求教，而简老亦不吝赐教，对他的每幅创作都详加讲评，不断地告诫他要"业精于勤"，使他的摄影技艺一日千里，获益匪浅，他们形同师生，这大概也是一种缘份吧（图 181）。

简老对于书画界的后进更是奖掖有加，不遗余力，我们可以追溯到改革开放初期。1982 年春的一天，上海文艺界的领导杜宣和中国画院院长、著名版画家吕蒙，陪简庆福先生在上海锦江饭店就餐，在接待厅的入口处，他发现一幅大型书法像瀑布般倾泻而下，写得龙飞凤舞，气吞山河，十分耐看，但不见落款，惊问此书法为何人作品，吕蒙答道：这是我们画院中一位老姑娘周慧珺的作品，简庆福听说这幅功力深厚的书法竟出自一位年轻女士之手，不禁大为诧异，他说写字比画画更难，俗话说"字无百日功"，自己从小热爱书法，亦常练字，但进步很慢，很希望能和周女士见上一面，并索求她的墨宝。不料当时周慧珺正在北京参加第一届中国书法家协会代表大会，未能见面，后来吕蒙向这位女书法家转达了简庆福的请求，周慧珺欣然命笔为他书写了毛主席诗词和陆放翁古梅诗（图182）相赠。不久周慧珺访问日本归来，听家人说简庆福先生已经来过家里道谢了，送来一台彩色电视机，那时上海的家庭中电视机还十分罕见，更甭说是彩电了。简先生还送来一幅放大的摄影新作，画面是一位长发飘逸的少女裸体侧坐在内蒙古的沙漠上，简庆福亲笔题写了刘半农填词的名歌："微风吹动了我的头发，叫我如何不想她！"这下真把这位老姑娘惊得面红耳赤，因为当时政策是不允许在家中接待"外宾"的，更何况又送来了这样一幅"黄色"的照片！真令周慧珺哭笑不得，怕人家产生误会。而简庆福对此却浑然不觉，他每次来沪常会带上珍贵的礼物，去北京路的五金店楼上，爬上又窄又陡的楼梯，拜访蜗居在整日不见阳光的陋室中的周慧珺，对于这位身残志坚，书法上酣畅磅礴、独领风骚的女书法家，简庆福大为赞赏。1991 年他邀请周慧珺和她的学生李静赴香港交流，还介绍自己的忘年交、著名的经济学家和摄影家、美国华盛顿大学教授和香港大学经济金融学院院长的张五常教授和周慧珺相识，后张五常教授拜她为师。1996 年，张五常邀请周慧珺和李静赴美国访问交流和办展，使这位中国的女书法家名扬中外。简庆福不以长辈自居，反而成为她书法艺术创作的崇拜者，此后简老照片或出版著作上的题字大都出自周慧珺的笔下。还有一位是笔者在1993 年介绍给简老的中国画家吴蓬，当时他还未成名，贫病交困，但简老看中他的人品、才气和刻苦学习的劲头，常对他勉励有加，还专程去他在南浔的画室看画，邀请他们夫妇一起参加国际摄影旅游节在苏州举办的"简庆福杯摄影大赛"。现在吴蓬在北京已是一位功成名就、著作等身的著名书画家和美术理论家，还是中央国家机关美术家协会的名誉主席。至于像

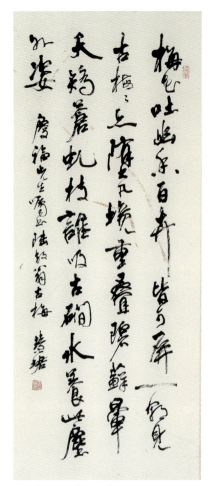

简老与张江（图183）

周慧珺书《古梅》（图182）

简老与陈华平（图184）

陈逸飞、姚有信等晚辈画家，刚到美国立足未稳时，简老都曾买过他们的画，帮过他们忙。笔者最近在简老的库房中，还看到过和陈逸飞齐名的魏金山等名画家旅美初期的大作。

本世纪初，笔者向简老介绍了一位刚从法国办展，并在卢浮宫荣获银奖回国的油画家张江，我们同去他画室参观。张江从1990年开始进入西藏，此后每年都会深入藏区采风写生，创作了大量反映西藏人文景观的作品，简老对他数十年如一日、矢志不渝的艺术追求，十分赏识，画家夫人病重期间，老人家还多次前往医院探视、安慰。2009年张江在北京保利艺术博物馆举办个展，简老亲自为他的画册作序，并专程飞赴北京，为他的开幕式剪彩（图

183）。去年年底在法国卢浮宫举办的 2013 年国际美术沙龙大赛中，由法国国家美术学会主持，在来自全球的 2000 多幅油画中，张江的西藏题材油画脱颖而出，荣获油画类金奖，成为卢浮宫历届沙龙中荣获金奖（2013 年）、银奖（2000 年）、铜奖（2006 年）、荣誉奖（2007 年）和荣誉勋章的第一位中国画家。简老对张江不负重望，为提升中华文化软实力所作的贡献深表欣慰。

简老有着丰富的人生阅历，对于艺术的鉴赏更是独具慧眼，几年前，笔者向他推荐了一位名不见经传的中年画家陈华平，简老被他的人品、艺德和对艺术的执着所吸引，不断地出高价买他的画，向友人推荐他的画，提供自己的得意力作，供他创作成油画，使处境艰辛的陈华平摆脱困境，奋发向上（图 184）。老人家每次来沪都会叫他作伴，看看他的新作，还邀他去武夷山和香港创作，鼓励他持之以恒、继续努力。简老就是以长者之心，提携晚辈，希望他们早日成材。

五、分享艺术品收藏的乐趣

简老对艺术品情有独钟，他收藏艺术品、欣赏艺术品，艺术品中汲取营养，丰富自己的摄影艺术语言。他不但自己收藏，还鼓励朋友们收藏，香港著名的摄影家兼收藏家黄贵权先生就是在他的介绍下收藏了大量朱屺瞻、谢稚柳等大师的作品；著名教授张五常也是在简老的介绍下结识陈逸飞的，张教授收藏陈逸飞的作品，还出巨资向他订购了 10 幅油画，可惜陈氏英年早逝，这批油画作品没有完成。笔者早在 20 世纪 80 年代开始，就帮简老收藏艺术品，分享他收藏的乐趣，并深受教益，此后也曾多次前往香港他的库房中参观他的藏品，真是琳琅满目、珠玉纷呈、美不胜收。

简老意识到，艺术品不可能永远被个人所拥有，迟早都会回归社会，何况"独乐乐不如众乐乐"，应该尽量让人民大众都能分享他收藏的乐趣。所以，早在 20 世纪 80 年代，简老获悉八大山人和石涛合作的《兰竹图》要在美国拍卖，他不愿意看到这幅珍稀的古画流落他乡，立即向在充仁画室的同窗好友，旅美鉴定大师王季迁咨询是否是真迹，得到肯定答复后，就赶赴美国，和朋友合资化了 40 万美元，将这幅名画买下，再一起将这幅《兰竹图》

带回祖国，无偿地捐赠给广州博物馆，唯一的条件是要公开对群众展出，现在这幅价值连城的名画，市值不可估量。2002 年简老又应同学程十髪的请求，将毕生收藏的 74 幅关良大师的得意杰作，无偿地捐赠给上海中国画院，现在中华艺术宫长期展出。2010 年他在中欧国际工商学院朱晓明院长主持下将 10 幅摄影精品举行慈善拍卖，上海市人大主任刘云耕全程参与，筹得善款 60 余万元，全部捐赠给新疆喀什的教育事业。2013 年他又将登上"神舟九号"和"神舟十号"太空船、遨游太空向全球展现中国之美的摄影杰作，捐赠给国家博物馆和中国摄影家协会等有关单位。2013 年春雅安地震，上海"赵涌在线"举行网上义拍，简老委托笔者将二幅摄影精品捐赠，支持义拍赈灾，共襄善举。2014 年年初，简老将 138 幅巨型摄影杰作全部无偿地捐赠给中华艺术宫；年底又和上海刚泰美术馆签约，将从影 75 年来、穿越时空、见证历史的摄影作品，全部捐赠给简庆福摄影艺术馆，供长期展出。

随着中国经济的腾飞，艺术品市场越来越红火，众多的拍买行和藏家纷纷注目简老收藏的艺术品。对此简老也有自己的看法，他认为国内经济发展了，人民生活富裕了，艺术品走向市场、"飞进寻常百姓家"，这是历史的必然。改革开放前，国内受"左"的干扰，老百姓的日子过得很苦，而"穷画家"更是穷得出了名。现在国家富强了，老百姓都有余钱了，画家也应该过上宽裕的生活，以便能安心创作。艺术品拍卖为大家提供了一个公开、透明的交易平台，应该给予支持，给艺术家以应有的地位。所以在 2004 年，他将一幅林风眠的《四美图》提供给香港苏富比拍卖，以人民币 546 万元成交，创当时林风眠作品拍卖价格的最高纪录；一年后，这幅画在香港佳士得拍卖，以 820 万元成交。对此简老并不觉得遗憾，他说有钱要大家赚嘛，再说中国很多名画和西方的名画相比，价格还未到位。2013 年他帮助同窗好友哈定的女儿，在上海泓盛举行"哈定水彩画艺术拍卖专场"，使原来在市场上不起眼的水彩画，价格飙升了 10 多倍，创造了历史上的最高记录，但简老认为国内的水彩画价格还远远没有到位。因为从 1949 年后，国内普遍认为水彩画画幅太小，不容易表现突出政治、鼓动人心的大场面，把水彩画视为表现小资产阶级情调的小品，难登大雅之堂，所以价格一直低迷；但在国外，却把水彩画视作高雅艺术，因为画水彩画的难度极高，画家绘画时，必须有清晰澄明的构思和高超的技艺，才能落笔无悔、一气呵成，不像油画那样能涂涂改改。水彩画就像音乐中的轻音乐，乐器中的小提琴那样，享有崇高的地位。像哈定这样国际上顶级的水彩画大师的作品，还有很大的升值潜力，简老就是这样乐观地对待中国的艺术品市场的。

简老在上海的住宅房产，在建国初期都上交给国家了，连最后留下的一幢洋房，也于1982年捐赠给上海摄影家协会，供办公之用了。此后，回上海只能住在宾馆中，住宾馆毕竟缺乏家的感觉。2005年他将拍卖林风眠《四美图》的所得，买了上海市中心一大套公寓房，这样他又在上海安了家，影友们也有了雅集之处，远方的影友也有了宾至如归的感觉。平时群贤毕至、少长咸集、高谈阔论、笑声满堂，好不快哉！

简老十分珍视友情，他在香港每周都要和摄影界的朋友们在酒楼聚餐畅叙欢谈，数十年来从未间断。2014天夏天笔者、傅强和简老一起共赴雅集，看到当年和简老一起爬山涉水的影友们，现在都已老态龙钟，有的坐着轮椅由小辈们推着前来，有的已听力不济口不能言，连比简老年轻11岁的黄贵权医生，也已垂垂老矣，不复当年的英气逼人，简老又十分怀旧，对青少年时代曾同住上海的亲友，更是无比牵挂，近些年来，几乎是每月要来沪一次，和亲友们欢聚叙旧，但每次老同学聚会，都会"遍插茱萸少一人"，直到今年，连最后一位小学同学颜世忠也卧床不起了，未免令人伤感。

2013年年底简老患肿瘤，连续做了40次镭射，体重减少了5公斤，但他还是抱病回上海，在中华艺术宫举行了"简庆福摄影作品捐赠仪式"，在和影友们欢聚一堂时（图185），大家都为他的健康担忧，但简老对自己的病情却有着一份超然的淡定，还是那样喜乐如常，看不到半点忧愁焦虑之情，他那种豁达、坦然和从容，实在令人敬佩！两个月后，当简老又满面红光、神采奕奕回到上海时，大家看到他身体健康，都为他感到高兴，简老兴奋地告诉影友们：自己已恢复健康，各项指标化验结果全部正常，医生已经给他"解放"了，可以自由行动和大家一起创作了，影友们闻此喜讯都兴奋不已。简老私底下告诉我们：前段时间，的确有点不适，自己也有些担心，就赶紧把赠送给中国摄影家协会的一批精心巨作印刷出来，这次又带回来一大批作品。我们看到李文君兴冲冲地独自驾车从北京到上海机场迎接简老，将简老的作品装了满满一辆大型的商务车，再独自开车回北京，我们都为这老少二代"爷们"的精神而感动。

简老作品捐赠仪
式（图 185）

2014 年 10 月 3 日，93 岁高龄的简老亲赴美国，领受美国摄影学会授予的荣誉高级会士名衔（图 186）。简老早在 1955 年就是英国皇家摄影学会高级会士（FRPS），同时还拥有国际影艺联盟的影艺卓越者（EFIAP）名衔，1962 年又获香港摄影学会的高级荣誉会士（Hon.FPSHK）名衔，现在他一人就囊括世界四大权威摄影机构的高级会士的名衔，这不仅是他个人的荣誉，也是全球华人和中国影坛的光荣。

为了庆贺简老 93 岁华诞，中国摄影家协会于 2014 年 11 月 6 日在北京中国摄影展览馆，为简老举办一个大型的展出"光影无垠——简庆福摄影作品展"，展出他精品力作 80 幅。中国文联副主席李前光和中国摄协主席王瑶、副主席王文澜、邓维、李舸、李树峰、张桐胜、罗更前和顾问于健、陈勃、黄贵权等文联和摄协的有关领导和摄影家代表、各地摄影组织负责人等参加了开幕式（图 187）。简老怀着激动的心情向中国摄协捐赠了一架 1925年德国产的禄莱福莱克斯相机，这架相机从 20 世纪 40 年代开始就伴随着他，简老用它拍出了很多传世佳作；另一件由张大千题字，曾在 2012 年随"神舟九号"遨游太空的《黄山云》原作，也被简老捐赠给正在筹建中的中国摄

简老在美国摄影学会领奖（图 186）

李前光、王瑶为简老祝贺 93 岁华诞
（图 187）

简老与刚泰集团总裁徐建刚（图 188）

影博物馆。中国摄协王瑶主席向简老赠送了一幅简庆福肖像的汴绣，上绣"影像一生望期颐 德艺双馨励后学"字样，作为简老 93 岁寿诞的生日礼物。正是"莫道桑榆晚，微霞尚满天"。老人家的内心充满了感动和喜悦。

简老交友广泛，两年前笔者介绍他结识了一位企业家——上海刚泰集团的徐建刚总裁，徐总是一位热爱中华文化的儒商，两人相互钦佩、一拍即合（图 188）。徐董事长决定拨出巨款在上海浦东新区的中心地区，建立一幢具有国际水准的简庆福摄影艺术馆，永久陈列简老的精品力作，他指定赵瑞俊副总裁和傅强总经理具体负责，现在新厦已经落成，正紧锣密鼓地筹备在 2014 年底开始预展；另外拙著《摄影大师简庆福的光影岁月》亦已列入上海文化出版专项基金资助项目，最近即可出版，我们这些晚辈都在尽心尽力，希望通过努力，使简老的摄影艺术能流芳百世。

笔者行笔至此，不禁想起二千多年前，曹操写的《龟虽寿》："神龟虽寿，犹有竟时；腾蛇乘雾，终为土灰；老骥伏枥，志在千里；烈士暮年，壮心不已。盈缩之期，不但在天；养怡之福，可得永年。幸

简老 2014 年唐震安摄于上海（图 189）

甚至哉，歌以咏志。"这首流传至今、脍炙人口的言志古诗，用在已经93岁高寿的简老身上，实在是最合适的。老人家在耄耋之年能乐观的直面人生，所表露出来的那种积极进取、壮志不衰的雄风和豪迈超脱的胸襟，以及通过养生之道，争取健康长寿的期望，令人感叹而振奋，正是这种旷达的精神，使他晚年的生活越活越精彩！

　　简老这一辈子就是这样：快快乐乐地创作，欢欢喜喜地奉献；静静地品味、细细地感受着摄影艺术带给他的乐趣，直到生命的晚年，还在继续不断地探索、创新，为增加中华文化的软实力，提供正能量，在光影天地中勤奋地耕耘着（图 189）。正如明末顾炎武诗："苍龙日暮还行雨,老树春深更著花。"望着眼前这位满头华发仍在不遗余力地为祖国摄影艺术事业不停奔波着的期颐老人，让我们大家恭祝老人家艺术之树常青，生命之树永绿；为简老"庆福"再"庆福"，希望他为中国的摄影事业做出更大的贡献。

后 记

简庆福先生是我的世交长辈，早年我们都住在上海金神父路上，相距不到半华里。他和我舅父王珲先生同在充仁画室学艺，而我求学的震旦附中后门，正对着充仁画室，课余之暇，我常去画室看他们作画。我舅父和简庆福、哈定是同窗好友，他们经常来我家玩，我从小就遵母嘱称他"庆福舅舅"，这个称呼一直持续到现在，我已年届八秩，垂垂老矣；先舅父王珲和哈定也早于十年前在美国驾鹤仙去；只有庆福舅舅犹如一棵不老的青松、艺术生命一直郁郁葱葱，还在继续为发展我国的摄影艺术事业作贡献。

抗战胜利后，庆福舅舅在南京主持商务，恰巧我和舅父亦随我父亲去南京，直到1948年，庆福舅舅全家迁居香港，我们间的来往才逐渐稀少，但他每次回沪，都会来探望我们。"文革"刚结束，简庆福就到北京找到我舅父；1980年初，他到上海举办简庆福摄影作品展，突然间，我收到庆福舅舅的来信，邀我到上海看他的展览，老人家的不忘旧情，真使我受宠若惊！1985年，他帮先舅父王珲和哈定先后移民美国，此后我们来往不断；直到1995年我退休回上海，我们间的接触就更密切了，毕竟我比他小 14 岁，很多事情我可以帮他处理。

2003 年，我在庆福舅舅的鼓励下，撰写出版了他老师的传记《泥塑之神手也——张充仁的艺术人生》，一时好评如潮，又是电台全文连播，又是拍摄《泥塑神手张充仁》电视连续剧，热闹了好一阵。是庆福舅舅在潜移默化中，把我带进了文艺领域。接着 2007 年我出版了备受推崇的法国《维涅尔水彩画选集》；2013 年我再出版了《塑人塑己塑春秋——张充仁传》。最近香港中文大学也将出版拙著《既雕且琢复归于璞——张充仁的艺术生涯》。

庆福舅舅老了，老人家喜欢怀旧，经常会谈起过去的一些经历和旧闻逸事，我也有勤笔勉思的习惯，会将他告诉我的趣闻、掌故记录下来。2010 年后，我怀着一份强烈的使命感，开始着手整理和撰写庆福舅舅的传记，我深感有必要将这位伟大的艺术家的人生经历和艺术成就记载下来，使之流芳百世！为此我到处搜集资料，拜访有关专家，询问庆福舅舅本人；但要写好这本传记，难度还是很大，因为他的一生，既没有像国内一些大师们那样跌宕起伏、大喜大悲的社会经历；在生活中也没有引起人们兴趣的浪漫故事！或许正是因为他攀登艺术高峰的道路太顺畅、太辉煌，而他丰富的内心世界，反而被人忽略了。事实上，他所经历的百年中国是多灾多难的，中华民族的苦难和伟大的复兴又怎能不牵动他的心呢？难就难在充分挖掘他丰富的内心世界。我是科技从业人员，虽说在 1960 年就开始业余摄影，但非影坛圈内专业人士，要从摄影艺术的理论高度去阐述他的艺术成就，从中国摄影史的整体高度，对庆福舅舅做正确的定位，有一定的难度。同时，我追随庆福舅舅摄影创作和参加的有关活动也不多，缺乏感性认识和第一手资料，虽说通过多年来的不懈努力，总算将这本《摄影大师——简庆福的光影岁月》初稿完成了，但内心犹感不足。为此我特地赴北京拜访长期来研究简老摄影艺术创作的杨恩璞教授，请他审阅了全书，他提出了很多宝贵的意见；拾遗补缺后，上海市华侨摄影协会唐震安会长和简老晚年的得意门生摄影家傅强先生又通读了拙著，最终补充、修正后定稿。目的是向读者提供一本翔实、全面和客观的简庆福传记，为中国的摄影史留下一份史料，尽我们这一代人的社会责任。但正因为笔者非摄影圈内专业人士，接触的摄影界朋友不多，挂一漏万，在所难免，只能抛砖引玉，以待后之来者。书中谬误之处，尚祈读者不吝赐教。

　　回想我这个已经退休 20 年的耄耋老人，虽历经艰辛，但在生命的晚年，欣逢盛世，还能发挥余热，竭尽绵薄之力，为提升中华文化的软实力提供正能量作点贡献，圆了自己心中的中国梦，内心充满了喜悦。

　　本书得以顺利出版，首先我要感谢庆福舅舅，是他一再为我口述了这段近百年的历史，最后为本书题签定稿；我也要怀着感激之情向北京电影学院杨恩璞教授致谢，他为我提供了大量文献资料，在赴美前夕还通宵达旦地为拙著写序，并发来了大量有关的照片，帮我把本书提升到一个新的台阶。庆福舅舅的忘年交唐震安、傅强、李文君和宋浩杰、陈翔燕、魏来等先生都为本书作出过贡献。最后我要感谢挚友蔡胜平，他为本书搜集资料，提供了许多真知灼见。本书还引用了一些摄影家的照片和作品，孙佩韶艺术总监的团队和土山湾博物馆同仁们在本书的图文处理方面所做的细致工作，也在此一并致谢。

陈耀王

2015 年春

于上海土山湾博物馆

附　录

一、简庆福先生年谱

1921 年	出生于香港商人家庭，祖籍广东中山县南塘村。
1924 年（3 岁）	慈母病逝，父未续弦，由姑妈带回广东中山县南塘村老家抚养。
1927 年（6 岁）	在南塘村国民小学就读。
1929 年（8 岁）	移居上海，在广肇公学就读。
1933 年（12 岁）	广肇公学小学毕业。
1936 年（15 岁）	在上海岭南中学初中毕业。
1938 年（17 岁）	在南京三姐夫张汉灵处，结识摄影前辈蔡俊三，受其影响开始迷上摄影活动。
1939 年（18 岁）	在岭南中学高中毕业，开始在父亲的企业中学习商务。
1942 年（21 岁）	进上海美术专科学校西画系，师从刘海粟等大师学习绘画；后又转入充仁画室师从张充仁大师深造。受张先生和师兄刘旭沧的影响，开始摄影创作。当年在南京创作了他的首幅习作《向前进》。
1945 年（24 岁）	在上海和黄爱琼小姐喜结良缘。
1946 年（25 岁）	在澳门创作《等待》《沧桑》《岁月不饶人》等作品。
1948 年（27 岁）	喜生贵子简国铭。当年移居香港，参加当地的摄影活动，创作了《农家乐》，成为香港摄影学会高级会员。
1949 年（28 岁）	将家属在南京的畜产品工厂移交给国家。在澳门购地建立畜产品加工厂。
1950 年（29 岁）	将家属在上海等地的畜产品加工厂捐赠给国家。在香港中环大厦成立简氏贸易公司。
1951 年（30 岁）	他 1942 年的习作《向前进》在新加坡国际摄影沙龙获铜牌奖，这是他在国际摄影比赛中首次获奖。当年他创作的《沉思》

入选英国伦敦国际摄影沙龙，并在年刊中刊出。同年他拍摄的《黄山云》得到张大千的赞赏，在照片上亲笔题诗。年仅30岁的他成为美国摄影家学会基石级会员。

1952 年（31 岁） 作品《奔在自由之路》，获香港摄影学会第七届国际沙龙影展铜奖。《黄山云》获香港摄影学会颁授的全年最佳作品金奖。

1953 年（32 岁） 获英国皇家摄影学会颁 ARPS 会士名衔。

1954 年（33 岁） 拍摄的《水波的旋律》获香港摄影学会第八届国际沙龙影展金奖，为华人首次获该奖项，其后被中国文化部列为 20 世纪中国经典摄影作品。

1955 年（34 岁） 以《黄山云》《奔在自由之路》《水波的旋律》和《番茄》等作品连续获奖，成为在香港荣获"四连冠"的第一人，从此他不再参加摄影比赛，而被聘担任国际、国内许多重大比赛的评判。当年他应澳门沙龙摄影学院和美国路易斯安那州国立艺术馆邀请，举办个人影展，同年他获美国摄影学会 APSA（会士）衔、英国皇家摄影学会 FRPS（高级会士）衔和国际影艺联盟 EFIAP（影艺卓越者）名衔。于首届槟城国际沙龙中获铜奖。

1956 年（35 岁） 美国摄影学会统计连续四年国际沙龙成绩，排名世界前十名。其中《水波的旋律》《海恋》《黄山云》《番茄》等作品，在国际上获奖无数，《人民画报》等刊物，以大篇幅刊登其《海恋》等作品，为新中国最早介绍的香港摄影作品。南非Die Transvaler 等也郑重推介。

1957 年（36 岁） 与张汝钊、邹圻厚及何藩在香港举办摄影作品联展。

1958 年（37 岁） 作为香港的特邀代表，出席中国摄影学会（后改名为中国摄影家协会）的北京摄影创作座谈会，以后长期出任该会举办的国家、国际影展评委。

1959 年（38 岁） 与张汝钊、刘怀广和杨永麻联合举办香港首次彩色摄影展览。从此揭开了香港彩色摄影的新篇章。

1962 年（41 岁） 与张汝钊、刘怀广及杨永麻在香港举办《旅日风光》摄影展；并应邀参加香港摄影学会主办的"世界摄影名作展"。获香港摄影学会颁授 Hon.FPSHK（高级荣誉会士）名衔。

1965 年（44 岁）　与胡雄德、陈仕森、刘怀广及张汝钊在香港大会堂举办摄影
　　　　　　　　　作品联展。

1970 年（49 岁）　在尼泊尔拍摄创作《仙境》等。

1972 年（51 岁）　在喀什米尔拍摄创作《遥远的路》等。

1974 年（53 岁）　在美国加利福尼亚州拍摄创作《新生》。在尼泊尔拍摄创作《低
　　　　　　　　　价不卖》。在孟加拉国拍摄创作《川流不息》。

1975 年（54 岁）　在美国东海岸拍摄创作《山高路险》等。

1976 年（55 岁）　投资广州市郊区和当地合作开设钻石加工厂，经营三年后歇
　　　　　　　　　业。

1978 年（57 岁）　在国内筹划人工养殖珍珠出口事宜，未能成功。

1979 年（58 岁）　与陈复礼等18位香港摄影界精英到黄山摄影创作。在中共
　　　　　　　　　十一届三中全会前夕，他们在北京受到国务院外事办主任廖
　　　　　　　　　承志接见，廖公说："我们国家很美，你们搞摄影的应该多
　　　　　　　　　拍些照片介绍祖国的大好河山，我们国家迟早要开放的，到
　　　　　　　　　时候旅游业会大发展，摄影要为旅游开路。"他深受鼓舞，
　　　　　　　　　在北京找到了老朋友中国美术家协会副主席蔡若虹和老同学
　　　　　　　　　王珲；回程上海时他拜访了刘海粟、张充仁等老师，张充仁
　　　　　　　　　为简庆福雕刻了一尊大理石像。当年他还去了广西桂林采风
　　　　　　　　　创作。

1979—1981 年　　于广州、上海和北京举办大型的"简庆福摄影展"，令人耳
　　　　　　　　　目一新，受到广大观众和摄影界的热烈欢迎。中央领导、著
　　　　　　　　　名画家、摄影名家纷纷光临参观，连声赞扬，对我国当时的
　　　　　　　　　摄影事业改革颇有借鉴作用。

1980 年（59 岁）　《简庆福摄影集》于香港出版。当年他去了九寨沟采风。回
　　　　　　　　　上海时，帮助张充仁老师和《丁丁历险记》的笔者埃尔热取
　　　　　　　　　得联系，为张充仁重返欧洲，取得举世瞩目的成就做出贡献。

1981 年（60 岁）　简庆福在张家界青龙山巧遇陈复礼和陈勃等四位影友。简庆
　　　　　　　　　福登上了张家界的制高点黄狮寨，他感叹道："踏遍名山
　　　　　　　　　千百崖，方到天崖绝妙处。"被编入张家界旅游局的导游词。

1982 年（61 岁）　捐赠华山路洋房一座，作为上海摄影家协会会址。

1983 年（62 岁）　将一幅价值连城的八大山人和石涛合作的精品捐赠给广州市

博物馆。

1985 年（64 岁）和陈复礼、杨绍明等联合策划，组织香港各摄影团体来内地采风摄影和举办展览，国家领导人接见了香港摄影家代表团。应中国摄影家协会邀请，在北京举办港、澳摄影艺术作品展览。赴西藏采风。

1986 年（65 岁）参与发起成立上海国际摄影展，这是上海历史上举办的第一个国际性文化大展，此后简老一直担任评委。赴台湾陪同摄影界先驱郎静山大师回上海及兰溪老家探亲访友，并在上海举办"郎氏摄影作品展"。

1987 年（66 岁）陪刘海粟校长在台湾和郎静山见面；第二部《简庆福摄影集》在香港出版。赴甘肃藏区采风。

1988 年（67 岁）助阵中国摄影家协会设立"中国摄影金像奖"。

1989 年（68 岁）应英国皇家摄影学会的邀请，于该会总部英国巴库举办个人影展。应上海摄影家协会邀请，再次在上海举办"简庆福摄影个展"。

1991 年（70 岁）应广东省摄影家协会之邀，"简庆福摄影作品个展"在广州文化公园展出。陪郎静山回内地访问。

1992 年（71 岁）陪郎静山到北京，在故宫举办"郎静山百龄百幅摄影展"。加拿大中华文化中心在温哥华举办"简庆福摄影作品展"，将出售作品所得全部捐赠给当地中华文化中心。在北京和吴印咸一起参加"希望工程摄影纪实"在海峡两岸同时展出的开幕式。

1993 年（72 岁）与陈复礼、何藩、张五常联合举办"往日时光"四友摄影联展，并出版影集。和黄金树等同好多次穿梭联络，促成中国摄影家代表团访问台湾，和以郎静山为代表的台湾摄影家交流。

1995 年（74 岁）受邀为"世界华人摄影学会"顾问。

1996 年（75 岁）与吕厚民、陈复礼、陈淑芬等和来自美国、加拿大、新加坡、港、澳、台等国内外11个国家和地区的百余名摄影名家参加"中国周庄国际旅游节暨摄影大赛"进行摄影创作。

1998 年（77 岁）第三部《简庆福摄影集》在上海出版。

1999 年（78 岁）简庆福在 1953 年拍摄的《水波的旋律》被中国文化促进会

选入《20世纪中国经典摄影作品集》。

2000年（79岁） 2000年（79岁），中国爱乐乐团和德意志唱片公司（DGG）签约，首次向国际市场发行二张重量级的中国经典交响乐CD片，特选代表中国摄影家"国际水平的沙龙之作"简庆福的摄影作品《惊起》作为封面。当年与连登良、黄贵权于北京举办"三人行"摄影作品联展，出版影集，并在全国各大城市巡回展出。

2001年（80岁） 在香港发起举办"艺影春秋——香港艺术摄影1900-2000"摄影展，纪录了香港百年艺术摄影，其中入选简庆福代表作多幅，并印制图录。有关资料为香港文化博物馆永久收藏。

2002年（81岁） 再次和连登良、黄贵权在上海举办"夕阳颂"三人摄影作品联展，并出版影集，其后在广州等大城市展出。应上海中国画院院长程十髮先生之请，将珍藏的74幅关良老师的精品力作，无偿捐赠该院，以供该院展出（现该批关良作品已移至中华艺术宫长期展出）。

2003年（82岁） "国际摄影旅游节"开幕，由苏州市人民政府、江苏省文联等联合举办苏州太湖风光国际摄影"简庆福杯摄影大赛"，中国摄影家协会会长邵华将军等积极参与。是年爱妻黄爱琼女士在美国三藩市病逝，享年80岁。

2004年（83岁） 应邀在澳门举办"简庆福名家名作"摄影展。并应中国摄影家协会邀请，和连登良、黄贵权在贵州举办"乐晚晴"三人摄影联展。

2005年（84岁） 2005年（84岁），在杭州举办"乐晚晴"摄影联展。

2006年（85岁） 2006年（85岁），上海举办国际摄影展，简庆福主持由12位中外摄影名家组成的评委会，在周庄进行评选，同时举办："简庆福摄影艺术展"。第四部《简庆福摄影艺术》出版。和连登良、黄贵权联合出资帮助黑龙江扎龙自然保护区建造招待所，方便摄影者住宿。年底在北京参加中国摄影家新春联谊会。

2007年（86岁） 2007年（86岁），春天参加第12届中国周庄国际旅游节及陈逸飞逝世二周年"江南水乡真迹展"开幕活动。在香港国际机场举行"光影、画意——摄影大师简庆福摄影展"。秋天在山西平遥和中国摄影家协会副主席王郁文等举办"寻找中国首届数码十佳摄影师"评选活动,任评委主任。冬天应邀在广州和陈复礼、黄贵权举办三人联展。年底,中国摄影家协会邵华会长抱病率团赴香港为简老祝寿。该会李前光秘书长致辞:"中国摄影因简庆福而更加多彩,简老因摄影而更加辉煌。"

2008 年(87 岁) 任上海市华侨摄影协会创办的"上海国际郎静山摄影艺术奖"终身评委主任。参加"中国青海三江源国际旅游摄影节暨世界山地纪录片节"活动。秋天和连登良、黄贵权将"乐晚晴"影展的全部作品捐赠福建华光摄影艺术学院,并为学院题写"龙影图书馆"馆名。冬天参加福州第三届海峡摄影艺术节暨中国摄影家看海峡两岸活动。北京出版第五部《简庆福摄影艺术》。年底参加邵华将军与毛岸青骨灰迁葬湖南长沙杨开慧烈士陵园。

2009 年(88 岁) 年初和李前光、黄贵权等内地及港、澳、台地区著名摄影家参加"梅花韵摄影展"。春天,香港文化博物馆举办"光影神韵影展"展出和收藏陈复礼、简庆福、黄贵权三位大师杰作,并邀请内地、港、台摄影家、学者进行学术讨论。赴贵州丹寨县(锦鸡舞之乡)摄影创作。夏天在云南大理,简庆福荣获中国摄影家协会"摄影金像奖•终生成就奖"。秋天,《摄影之友》杂志举办首届"天下龙脊国际摄影大赛",任名誉主任。简庆福将十余幅近作参加上海迎建国60周年"祖国颂"摄影展展出。年底为上海市华侨摄影协会举办的"郎静山国际摄影奖"颁奖。

2010 年(89 岁) 年初参加南京国际梅花节"中山杯国际梅花摄影节大赛"。春天和吕厚民一起参加第一届中国长江三峡国际旅游节"永远的三峡"摄影邀请展。夏天参加周庄摄影艺术馆开馆仪式。秋天荣获中国文学艺术联合会颁发的"第九届造型艺术成就奖"。在上海中欧国际工商学院摄影大赛颁奖仪式暨全球著名华人摄影大师简庆福作品慈善拍卖会中,拍卖作品10幅,筹得善款全部捐赠给新疆喀什。年底在北京参加简庆福从影70年研讨会。中国摄影出版社出版《中国影坛长青松——简庆福》和《光影乐晚晴——简庆福黑白摄影选辑》。

2011 年（90 岁） 参加山东临沂"中国百名女摄影家走进红嫂故乡"摄影采风活动。组织"艺术家眼中的中国——中国第一水乡周庄"摄影展在香港展出。11 月初中国摄影家协会在北京为简老九十华诞隆重祝寿，上海市华侨摄影协会和摄影家协会学会也为简老举行了隆重的祝寿活动，并举办了"建设文化强国弘扬人文艺术——影像泰斗简庆福大师从艺 72 周年巡礼"，上海市领导杨晓渡、吴幼英等同往祝贺。

2012 年（91 岁） 春天两次登黄山摄影。荣获美国摄影家学会"终生成就奖"，成为全球首位获此殊荣的摄影家，应该会邀请赴美国旧金山举办"光映岁月——简庆福摄影展"。当年简老的六幅摄影作品登上神舟九号，是为中国摄影家的摄影作品首次遨游太空！简老将此作品捐赠给中国摄影家协会等单位。初冬参加云南东川摄影月活动，简老将拍摄当地红土地的巨幅作品《江山多娇》赠送给东川，并题写"东川红土地，江山美如画"。年底赴福建霞浦滩涂摄影，这是简老在两年中第 13 次到霞浦采风。参加中国摄影家协会第八次代表大会，被聘为中国摄影家协会顾问。

2013 年（92 岁） 简老的摄影杰作登上神舟十号，再次遨游太空。当年他又两次登上黄山，登武夷山顶和河北保定曲阳雕刻之乡、上海南汇、浙江长兴等地采风，拍摄祖国的大好山河，还去了日本等地。香港为简老 92 岁做寿庆。年末上海中华艺术宫、上海市华侨摄影协会和上海摄影家协会联合举办"画意人生——简庆福摄影艺术展"，展出简老从影 75 年来的 138 幅巨型作品，展示了他的艺术成就。当年四川雅安地震，拿出两幅摄影作品义拍后捐赠给地震灾区。这年年底医生为简老做健康检查时发现肿瘤，用镭射治疗，必须连做 40 次。

2014 年（93 岁） 简老镭射治疗还未结束，体重锐减 5 公斤，年初抱病来上海中华艺术宫举行"简庆福摄影作品捐赠仪式及新闻发布会"。

健康还未全部恢复，又瞒着医生去日本拍了4天樱花；并为中国摄影家协会摄影博物馆印刷一批他的摄影精品，亲自空运到上海，请李文君驾车送到北京。当年初夏，简老恢复健康，又去日本拍了4天民风民俗。初秋，和上海刚泰集团签约，在浦东新区的中心地块新建"简庆福摄影艺术馆"，永久陈列简老的摄影杰作。10月初由儿子简国铭陪同赴美国总部，接受美国摄影学会颁发的荣誉高级会士名衔。10月底上海摄影界的朋友们提前为简老举办寿宴，祝贺他93岁华诞。11月6日中国摄影家协会在北京中国摄影展览馆隆重举行"光影无垠——简庆福摄影作品展"展出作品80幅。在开幕式上简老向中国摄影家协会捐赠了作品和自己长期使用的一架德国1925年制的禄莱福莱克斯相机，中国摄协为简老举行了隆重的祝寿活动。12月份在上海浦东举办简庆福摄影艺术馆预展。

二、主要参考文献

1.《夏威夷的华裔移民》，Clarence E Glick 著，吴燕和、王维兰译，台湾中正书局，1985 年。

2.《美洲华侨华人史》，李春辉、杨生茂主编，东方出版社，1990 年。

3."早期美国华人移民原因新探"，朱平、潮龙起，《烟台大学学报（哲学社会科学版）》。

4.《华侨革命开国史》，冯自由著，商务印书馆，1947 年。

5.《死虎余腥录》，曹芥初等著，上海书店出版社，2000 年。内载郑照《孙中山先生逸事》。

6."孙中山在檀香山的革命岁月"，沈飞德，《新民晚报》，2011 年。

7."孙氏兄弟携手创建民国"，沈飞德，《新民晚报》，2011 年。

8.《孙眉年谱》，黄健敏著，文物出版社，2006 年。

9."'茂宜王'孙眉传奇"，《中山日报》第 5968 期，2011 年。

10.《三十岁前的孙中山》，黄宇和著，三联书店，2012 年。

11."九百年南塘文风浓郁"，《中山日报》第 6005 期，2011 年。

12."孙中山与南塘三简"，《中山日报海外版》第 308 期，2011 年。

13."南塘学校藏身老林犹闻书声琅琅"，《中山商报》第 1681 期，2010 年。

14."简庆福的摄影"，张五常，转载自"五常谈艺术"，引自网络。

15."简庆福从影 70 年活动在京隆重举行"，中国摄影在线，2010 年。

16."寄情天地，悠然神远"，骆飞在国际摄影协会举办的简庆福作品研讨会上的发言，2010 年。

17.《中国摄影艺术史》，陈申、徐希景著，三联书店，2011 年。

18.《重拾历史碎片——土山湾研究资料粹编》，黄树林主编，中国戏剧出版社，2010 年。

19.《遥望土山湾》，张伟、张晓依著，同济大学出版社，2012 年。

20.《泥塑之神手也——张充仁的艺术生活》，陈耀王著，上海文艺出版社，2003 年。

21.《塑人塑己塑春秋——张充仁传》，陈耀王著，学林出版社，2013 年。

22.《简庆福摄影艺术》，简庆福著，中国摄影出版社，2006 年。

23.《简庆福摄影艺术》，简庆福著，中国摄影出版社，2008 年。

24.《中国影坛长青松——简庆福》，杨恩璞著，中国摄影出版社，2010 年。

25.《光影乐晚晴——简庆福黑白摄影选辑》，简庆福著，中国摄影家协会，2010 年。

26.《艺影春秋——香港艺术摄影 1900—2000》，香港康乐及文化事务署出版，2001 年。

27."'永不息影'的'简不老'"，董玲，《中华英才》半月刊社出版，2010 年。

28."Photoshop：'天使'还是'魔鬼'？"宗石，《中国摄影报》1701 期，2006 年。

29."从中国书画里汲取养分 ——黄贵权访谈"，潘真，"上海世界华人收藏家大会"，"弘扬中华文化"，2010 年。

30.《周慧珺传》，李静、张亚圣著，上海人民出版社，2011 年。

31."摄影的纯真年代只是一个神话"，朱洁树，《新民晚报·艺术评论》，2012 年。

32.《无言的雕塑家沈默》，陆上舟，2012 年。

33.《母亲邵华》，毛新宇著，中国工人出版社，2013 年。

34."记影响全球的摄影大师"，陈耀王，《新民晚报·国家艺术杂志》，2014 年。

35."一个伟大摄影家的精神"，唐震安，《新民晚报·国家艺术杂志》，2014 年。

36."'快门'之后的创意空间"，唐明皓，《新民晚报·国家艺术杂志 / 镜头艺术》，2014 年。

37."摄影艺术不是汽车，不会折旧"，Alexander Montague-Sparey，《新民晚报·国家艺术杂志 / 镜头艺术》，2014 年。

38."重塑辉煌的上海摄影力量"，胡凌虹，《上海采风》，2012 年。

39."摄影泰斗简庆福的'常青'秘密"，陈耀王，《上海采风》，2014 年。

40."'光影无垠'简庆福摄影作品展在京举办"王江专稿，中国蜂鸟网，2014 年。

41."海派摄影大师简庆福的光影岁月"，陈耀王，《上海画报》，2014 年。

42. The Golden Days of Light and Shadow Master Kan Hing-fook, APSA Cornerstone Member of the Photographic Society of America, San Francisco, CA. 2012.

图书在版编目（CIP）数据

摄影大师简庆福的光影岁月 ／ 陈耀王著 . -- 上海 ：
学林出版社，2015.5
ISBN 978-7-5486-0817-2

Ⅰ . ①摄… Ⅱ . ①陈… Ⅲ . ①简庆福–生平事迹
Ⅳ . ① K825.72

中国版本图书馆 CIP 数据核字 (2015) 第 013736 号

摄影大师简庆福的光影岁月

作　　者 ——	陈耀王
责任编辑 ——	陈翔燕
整体设计 ——	魏　来
出　　版 ——	上海世纪出版股份有限公司 学林出版社
	地　址：上海钦州南路 81 号　　电话／传真：021-64515005
	网址：www.xuelinpress.com
发　　行 ——	上海世纪出版股份有限公司发行中心
	地　址：上海福建中路 193 号　　网　址：www.ewen.co
印　　刷 ——	上海盛通时代印刷有限公司
开　　本 ——	787×1092　1/16
印　　张 ——	12.5
字　　数 ——	30 万
版　　次 ——	2015 年 5 月第 1 版
	2015 年 5 月第 1 次印刷
书　　号 ——	ISBN 978-7-5486-0817-2/K · 74
定　　价 ——	68.00 元

（如发生印刷、装订质量问题，读者可向工厂调换）

学林自出版平台
www.xuelinpress.com

学林出版社天猫旗舰店
xuelinchubanshe.tmall.com